当代大学生志愿服务
与精神培育研究

徐增鎏◎著

吉林出版集团股份有限公司
全国百佳图书出版单位

图书在版编目（CIP）数据

当代大学生志愿服务与精神培育研究 / 徐增鎏著
. -- 长春：吉林出版集团股份有限公司 , 2023.3
　 ISBN 978-7-5731-3109-6

　　Ⅰ . ①当… Ⅱ . ①徐… Ⅲ . ①大学生－青年志愿者行
动－社会服务－研究－中国 Ⅳ . ① D432.6

中国国家版本馆 CIP 数据核字 (2023) 第 051159 号

当代大学生志愿服务与精神培育研究
DANGDAI DAXUESHENG ZHIYUAN FUWU YU JINGSHEN PEIYU YANJIU

著　　者	徐增鎏	
责任编辑	祖　航	
封面设计	胡晓东	
开　　本	710mm×1000mm	1/16
字　　数	219 千	
印　　张	10.75	
版　　次	2023 年 9 月第 1 版	
印　　次	2023 年 9 月第 1 次印刷	
印　　刷	天津和萱印刷有限公司	

出　　版　吉林出版集团股份有限公司
发　　行　吉林出版集团股份有限公司
地　　址　吉林省长春市福祉大路 5788 号
邮　　编　130000
电　　话　0431-81629968
邮　　箱　11915286@qq.com
书　　号　ISBN 978-7-5731-3109-6
定　　价　72.00 元

作者简介

徐增鎏，男，1984 年 7 月生，籍贯浙江衢州，毕业于中国美术学院、华中农业大学，硕士。现任中国美术学院讲师，中国青年志愿者协会会员，浙江省青年研究会理事。

专注于艺术院校学生思政教育创新和志愿公益美育载体研究。主持和参与全国"学雷锋"重大理论与实践问题研究项目课题等省部级、厅局级课题 8 项，参与省级、校级教改课题 4 项，主持制定的《中国青年志愿者标志基本规范》被团中央确定为全国标准。近年来，出版专著《和谐视角下的高校思想政治教育》（北京日报出版社）、主编《大学生共青团工作理论与实践教程》（中央党校出版社），在国内外期刊发表论文近 30 篇。带领团队获全国学雷锋志愿服务"4 个100"最佳志愿服务项目。先后获省级志愿服务工作先进工作者、省突出贡献农村工作指导员等荣誉称号。

前　言

　　作为一个有几千年历史的文明古国，我国有志愿服务成长的深厚土壤，传统文化中的"仁者爱人""兼爱非攻"便是我国志愿服务的根基。我国的志愿服务事业伴随着社会主义市场经济的发展应运而生，顺应了我国新时期社会转型、体制转轨、观念转变的趋势，在发展历程中不断进取、壮大，对整个社会的发展起着越来越不可忽视的作用。

　　我国大学生志愿服务事业经历了由小到大、由弱到强、由短期活动到长期项目、由临时行动到建立持久机制的发展历程。志愿服务理念已经深入人心，志愿者队伍日益壮大，志愿服务领域不断拓展。大学生志愿者通过开展志愿服务活动，弘扬了时代精神，促进了社会和谐，提高了自身素质，得到了社会的肯定和好评。大学生志愿服务精神的培育，有助于国家完善社会主义市场经济体制，有助于构建社会主义和谐社会。因此，大学生志愿服务精神的培育在当前就显得尤为重要。

　　本书立足于当代大学生志愿服务与精神培育进行了研究。全书共分为四个章节：第一章为志愿服务的相关理论，对志愿服务的相关知识以及中国语境下的志愿服务事业进行了简单介绍。第二章为大学生志愿服务概述，先介绍了大学生志愿服务的历史，然后为大学生志愿服务活动与组织建设，之后对大学生志愿服务的价值观进行阐述，最后陈述了大学生志愿服务的育人功能。第三章是大学生志愿服务的项目内容，列举了常见的志愿服务项目，包括社区专项、大型赛会、文明宣传和社会民生四项志愿服务内容。第四章是大学生志愿服务的创新与发展，分别从"互联网＋"在高校大学生志愿服务中的应用、大学生志愿服务的创新、大学生志愿服务行为的可持续发展三方面进行阐述。

在撰写本书的过程中，作者得到了许多专家学者的帮助和指导，参考了大量的学术文献，在此表示真诚的感谢。本书内容系统全面，论述条理清晰、深入浅出，但由于作者水平有限，书中难免会有疏漏之处，希望广大读者与同行及时指正。

徐增鎏

2022 年 7 月

目 录

第一章　志愿服务的相关理论

自 20 世纪 80 年代，中国志愿服务事业得到了快速发展，社会关注度、民众的参与度都大幅度提高，志愿服务的理念日益深入人心，已经逐渐成为一种大众普遍接受的生活方式。本章主要介绍志愿服务的相关理论，从志愿服务概述、志愿服务的相关研究以及中国语境下的志愿服务事业三方面进行阐述。

第一节　志愿服务概述

一、志愿服务的基本概念

志愿服务有广义和狭义之分：从广义上来讲，志愿服务指的是造福亲人之外的他人或环境的活动；从狭义上来讲，志愿服务指的是为非营利机构服务，亦称之为志愿工作。受地域及时代的影响，不同的国家或组织对志愿服务概念的定义也有所不同。

简单来说，志愿服务是一种为了提升邻人、社区以及社会福祉的非营利且不支付任何劳动报酬的非职业化行为。具体来讲，志愿服务的形式有很多种，如邻里互助、探访老人，此外还有为了消除贫困、解决冲突等方面的志愿服务。

美国社会工作协会将那些自愿为公共利益奋斗的集体称为志愿服务团体，参与这个团体的人便被称为志愿者，而这个团体中的人参与的活动及工作便是志愿服务。

我国学者也对志愿服务的定义进行了界定，如丁元竹、江汛清在其文章《志愿服务活动研究：类型、评价与管理》中便对这一概念进行了界定，明确提出志愿服务指的是个体在不计报酬的前提下自愿奉献出自己的时间和精力，并为推动人类及社会的发展而提供的相应服务。

2007 年 12 月 5 日实施的《北京市志愿服务促进条例》也对志愿服务的定义进行了界定，此条例中的第三条明确指出志愿服务主要强调自愿、无偿两个方面，并在此基础上为他人或社会提供服务。

2017 年，我国为了进一步规范志愿服务，国务院颁发了《志愿服务条例》，在第一章第二条中对志愿服务的定义进行了阐释：志愿服务即部分人或组织，如志愿者、志愿服务组织及其他组织为他人或社会提供公益服务。

虽然上述概念各有不同，但从中不难总结出，这些概念对志愿服务核心要素的阐述都是相同的，都是将自愿、无偿、奉献等作为判定志愿服务的重要标准。

二、志愿服务的内涵与特征

（一）志愿服务的内涵

随着社会发展进步，志愿服务作为一种社会行为，其义务化特征越来越明显。一方面，马克思主义认为，人是一切社会关系的总和。人是社会的一部分，因此人无法脱离社会而独自存在，同时人的生存与发展也需要借助社会上的各种关系。从二者的关系上来看，人与社会之间具有相互依存、相互发展的权利和义务关系，其中得到社会的支持和帮助是人的权利，付出和奉献则是义务，志愿服务便是践行义务的一种表现方式。另一方面，志愿服务的价值在于促进社会的发展与和谐，需要为社会的发展不断贡献力量，社会发展是一个漫长的过程，仅凭志愿者自愿及热情的力量来推动社会的发展是远远不够的。正所谓"无规矩不成方圆"，想要最大程度地发挥志愿者的力量，需要制定相应的规范制度，也只有这样才能使志愿服务工作朝正规化的方向发展。此外，我们也要对志愿者提供一定的激励与回馈，最大程度上保障志愿者的个人权益。由此可以看出，志愿服务具有不排斥义务性，同时志愿服务规范化发展的最终结果是志愿服务的义务化。

（二）志愿服务的特征

1.自愿性

自愿性是志愿服务区别于其他社会行为的首要前提。志愿者参与志愿服务活动都是由政府机关或社会公益组织发起，但志愿者个人都是自愿、自发参与，并在参与的全程中，始终都具有选择是否参与的权利。志愿服务不能作为一种义务而强加于任何社会成员。

2.无偿性

志愿服务活动的本质是非营利的，不以赚取物质报酬为目的，这就保证了志愿服务是一种奉献社会的行为。当然，志愿服务的无偿性并不等同于免费劳动力，志愿服务工作的顺利开展，需要一定量成本的投入。因此，在多数开展的志愿服务活动中，活动举办方会给志愿者提供一些补贴，例如交通补贴、餐饮补贴，甚至后期可能会采取其他形式对志愿者进行回馈和激励，以此弥补志愿者在志愿服务过程中的成本投入。

3.组织性

志愿服务的组织性是指志愿服务活动由以推广或从事志愿工作为己任的志愿服务团体有组织地进行开展，而不是纯粹的个人行为。这里要对"志愿服务"与"志愿行为"两个概念进行区分。志愿服务是现代社会的产物，是组织层面的行为，可以说，由组织发起、个人参与的志愿活动是志愿服务；相对应的，志愿行为是个人层面的活动，不具备组织性，任何自愿利他的自发行为，例如邻里互助、做好人好事等，都应该被视作志愿行为。

4.公益性

从字面上来看，公益性是一种不以劳动报酬为目的的活动，同时它对推动社会的发展与进步有十分重要的作用和意义。此外，公益性也在一定程度上体现了志愿者甘于奉献的利他主义精神。从某种意义上来讲，志愿服务的价值目标是公共福利和社会公益，而这也是衡量一项志愿服务社会价值的主要标准之一。

5.服务性

志愿服务的基本动机是服务性，同时服务性也是体现志愿服务社会价值的重要特征。从志愿服务定义的角度来看，它所强调的服务性主要是志愿者或志愿组织不计回报地为他人、社会奉献爱心、时间等。总体来讲，服务性是指个人出于维护集体或他人利益，自觉、自愿奉献的一种高尚行为，若上升到国家高度，可以理解为对人民和国家利益无偿奉献自己的精神。

三、志愿服务的主要类型

（一）按志愿服务组织化程度分类

志愿者通过各种各样的组织参与志愿服务，包括为这些组织提供志愿服务和通过这些组织向第三方提供志愿服务，这被称为"有组织的志愿服务"。一般来讲，此类"有组织的志愿服务"均有较为明确的工作目标和实施计划，对志愿者也有规范的管理举措，因而也可称之为"正式志愿服务"。与之相对应的，人们自发地付出时间，为周围人群、环境提供无偿的利他服务，不具备组织性，是个人意愿的志愿行为，此类志愿服务统称为"非正式志愿服务"。受西方发达国家志愿服务工作的影响，正式志愿服务已日趋成为我国现代志愿服务的主流，而非正式志愿服务也是整个社会志愿服务工作的重要组成部分，是一种中华民族优秀互助利他文化在当代的延续与传承。

（二）按志愿服务受益对象分类

人们直接提供给受益对象（个人、环境、社区等）的志愿服务，称之为"直接志愿服务"。在直接志愿服务中，志愿者提供的服务直接作用于服务对象，与服务对象之间有直接接触，例如，为敬老院的老年人提供生活起居方面的照料等。与"直接志愿服务"相对，通过为志愿服务组织方工作而间接服务于受益对象的志愿服务，被称为"间接志愿服务"。在间接志愿服务的过程中，志愿者付出的服务并不直接作用于服务对象，而是通过为志愿者组织方提供相关服务而间接使服务对象受益。例如，在志愿服务组织中，协助组织方整理志愿者资料档案，虽然没有直接使服务对象受益，但是通过间接提供服务，保证了志愿服务活动的顺利实施。

（三）按志愿服务内容分类

社会组织和个人自愿为老年人提供的无偿服务，称作"助老志愿服务"。在中国传统社会的定义里，赡养老人是家庭成员应当承担的责任和义务。随着社会的不断发展进步，养老逐渐开始由国家、社会、机构、社区等除却家庭之外的机构承担。助老志愿服务由志愿者向毫无血缘关系的老年人提供非营利的利他服务，随着社会老龄化趋势的日渐凸显，助老志愿服务逐渐成为当代志愿服务活动中的一个重要组成部分。

社会组织和个人自愿为残疾人提供的志愿服务，被称为"助残志愿服务"。随着社会福利政策的不断发展完善，助残志愿服务在协助残疾人康复、帮助残疾人就业等多方面日益发挥着重要作用，逐渐成为建立健全残疾人社会保障体系和服务体系的一项重要内容。

志愿者及其组织在突发灾害事件的预防、备灾、紧急救援和灾后重建（恢复）阶段提供的各种非营利、无偿、非职业化的利他服务，被称作"应急志愿服务"。应急志愿服务要求志愿者必须接受相关专业知识的培训，从而能够有效弥补专业救援队伍的不足，成为政府救助资源的有效补充，节省经济开支，创造有益价值。

社会组织和个人自愿无偿地为环境管理和环境保护奉献时间、精力和知识技能的服务，被称为"环保志愿服务"。其活动内容非常广泛，涉及环境监测、生态恢复、濒危动物保护、自然教育、环保宣传等各个方面。环保志愿服务起源于20世纪60年代后期，人们鉴于自然环境承载能力与人类发展自身需要的矛盾，提出重构人与自然和谐关系命题，由此催生出大量民间环保志愿组织，对推动环保事业发展、促进公众参与发挥了积极作用。

志愿者为大型体育比赛提供的志愿服务被称为"赛会志愿服务"。赛会志愿服务分为两种：一种是普通赛事志愿服务，志愿者主要从事秩序维持、后勤服务、场馆服务、环境整治、安全保卫、接待等工作；另一种是专业赛事志愿服务，志愿者主要从事语言翻译、竞赛配合、技术等工作。大型赛会志愿服务展示了体育独特的精神价值，志愿者们为完成一个有益于社会的共同目标而无私奋斗，增强了社会的亲和力和凝聚力。

志愿者利用自己的医疗知识和技能无偿为他人提供预防、诊断、治疗、护理等医疗性服务的形式，被称为"医疗志愿服务"。医疗志愿服务的地点既可以在医院内部，也可以在医院外部。医疗志愿服务的发展，在流行病和自然灾害给人们造成的疾病与创伤中，为当地卫生系统提供了大量的人员和技术支持，能救灾民于水火之中，是促进社会福利更加完善及社会良性发展的必要条件。

（四）按志愿服务的开展形式分类

常态化志愿服务，即志愿者在正常状态下进行的志愿服务，它体现了志愿服务时时可为、处处可为、人人可为、事事可为的特点。如志愿者义务向民众普及日常生活小常识、自愿为民众进行健康普查、免费为民众进行家电维修等。志愿者在给民众的生产生活提供诸多便利的同时，也能够推动志愿服务的常态化发展。非常态化志愿服务即志愿者在非正常状态下进行的志愿服务。如大型活动志愿服务、应急志愿服务等。2008年的北京奥运志愿服务、汶川地震志愿服务等均是非常态化志愿服务的典型代表，它能够在紧急或关键时刻为国家和社会做出突出贡献。

四、志愿服务的基本要素

（一）志愿者

1.志愿者的基本概念

在1985年的联合国大会上，经过世界各国参会人员的最终商议，决定将每年的12月5日作为国际志愿人员日（IVD）。志愿服务的开展离不开人，因此志愿者是其最核心、最重要的要素。关于志愿者的定义有广义和狭义之分，广义上的志愿者指的是具有志愿精神，并可以主动、无偿地承担起社会责任的人；狭义上的志愿者指的是借助社团、组织等平台，并不计报酬参加社会公益活动的人。

2007年，北京市颁布了《北京市志愿服务促进条例》，在条例中对志愿者的定义进行了描述，所谓的志愿者主要指的是在自愿的基础上，利用自己的时间、精力、资源帮助他人或为社会提供服务的人，而且这些人不以获得物质报酬为目的。

2008年，中央文明委《关于深入开展志愿服务活动的意见》中提到，要组织开展志愿服务活动，动员"人们自愿、无偿地为他人和社会提供服务"，可以视为对志愿者性质的一个基本界定，即自愿、无偿地为他人和社会提供服务。

《广东青年志愿者条例》中指出，本条例所称青年志愿者是"志愿无偿地服务于人民群众生产、生活和其他有利于社会发展行为的人"。

中国青年志愿者协会给"志愿者"的定义是：不以物质报酬为目的，利用自己的时间、技能等资源，自愿为国家、社会和他人提供服务的人。

《中国志愿服务大辞典》将志愿者定义为：为公共利益（public benefits）而自愿无偿奉献自己的时间、精力和技能的个人，亦称"志愿服务者""志愿工作者"。广义的志愿者还包括自然人之外的人群及组织等志愿服务主体，不以获得报酬为目的，自愿帮助他人和服务社会的个人。

香港特别行政区将志愿者称为"义工"，而志愿者进行的服务活动被称之为"义务工作"。同时，香港义务工作发展局也对"义工"的定义进行了界定，在"义工"的定义中主要强调了三点：一是不以获得物质报酬为目的，二是为改进社会而提供相应的服务，三是自愿花费自己的时间和精力从事这些服务，同时具有以上三个特征的人便是"义工"。此外，在我国台湾地区，人们对志愿者的称呼也有所不同，往往将其称之为"志工"。

通过对以上关于志愿者定义的解释，我们不难发现，学术界对志愿者的定义已经有了一个统一的说法，志愿者应当是具有以下品质的人，即不以营利为目的、自愿参加社会公益事业活动、贡献自己的时间和精力。

2.志愿者的属性和特征

人最根本的特性是人的社会性，志愿者的社会性体现在志愿服务的两个方面，一是志愿服务是一种社会行为，更是一种社会支持，它只能存在于特定的公共空间，无法存在于个人生活的私人领域，同时志愿服务也会对其所在的空间中的人产生积极的影响；二是志愿服务具有无偿性、志愿性、利他性等方面的特征，从根本上来讲志愿服务价值的核心是帮助社会上的弱者，并改善其当前的生活条件，为此其最根本的目的是推动社会的和谐发展，是个体社会性的积极表达。

从本质上来讲，志愿者主要具有以下几个方面的特征：自愿而非强制性、公益而非私益性、无偿且非职业性。同时志愿服务行为的共同价值观主要包括以下几个方面：团结、互惠、利他。志愿者在志愿服务中具有十分重要的作用，他是志愿服务的实践主体，一切志愿服务活动的开展都离不开志愿者的参与，而志愿者在志愿服务中又展示了自己的发展属性和社会属性。

3.志愿者的类型

根据不同的分类方式可以对志愿者的类型进行划分。

（1）按照社会群体分类

以参与志愿服务的群体为视角，以相对集中的群体或领域为服务对象，充分发挥各自群体的优势，例如社区志愿者、青年志愿者、老年志愿者、党员志愿者等。这一类志愿者群体相对集中，能够充分发挥各自的优势和特点。

社区志愿者主要是由社区的居民组成，主要的服务对象是本社区的居民，服务具体内容也具有针对性，解决居民的实际困难，从最开始的日常帮扶、助老助残逐步发展到保护环境、治安巡逻、就业指导、健康咨询和文化服务等。例如，福建侨乡石狮的"阳光太太"志愿服务组织就是完全由石狮当地的女性组成的志愿服务组织，于2006年成立，她们积极从媒体上了解需要帮助的人，从物质和精神上给予帮助。10多年里，她们有钱出钱，有力出力，共筹集物资、善款1000多万元，组织成员也由最初的十几人发展到200多人。

（2）按照服务角色分类

根据志愿服务的角色定位，可以将志愿者分为管理型志愿者和服务型志愿者。

管理型志愿者是指从事志愿者管理的志愿者，管理型志愿者需要负责团队规范化管理、志愿服务项目策划与实践、志愿服务的组织培育和发展等工作。管理型的志愿者还有对普通志愿者进行管理和培训的责任，提供后勤保障、沟通协调、培训辅导等服务。同时，管理型志愿者还负有经营志愿服务组织的责任。管理型志愿者在志愿服务活动中具有重要地位，管理队伍的素质水平直接关系到志愿服务的质量。随着我国志愿服务的广泛开展，这支队伍的人数在不断增加。

服务型志愿者是指在志愿服务活动当中，担任直接服务工作的志愿者。大多数情况下，服务型志愿者都是通过志愿服务组织参与各类的、直接的志愿服务活动，还有一部分是为完成某些活动而临时招募的志愿者，例如北京2008年举办奥运会直接服务的志愿者总数约7万人，直接服务北京残奥会的志愿者约3万人，总计约10万，这些都是临时招募的志愿者，活动结束后志愿者的服务也就结束了。志愿服务活动中的志愿者大多从事直接的志愿服务工作，是志愿者队伍中最基础也是人数最多的组成部分。

（3）按照服务范围分类

随着志愿服务组织的不断发展，越来越多的志愿服务组织向更加专业化的方向发展，服务内容更加细化，领域更多，这也对志愿者的业务能力提出了更高的要求。可以按照服务范围将志愿者分为各种类型，如医疗志愿者、救灾志愿者、消防志愿者、环保志愿者等。从服务范围等方面分类，这类组织服务突出的是志愿者的专业技能。

以消防志愿者为例，《中国志愿服务大辞典》对消防志愿者是这样界定的：受过严格训练、无偿参与消防工作的志愿者。按照2008年公安部等13个单位发起的《中国消防志愿者行动实施意见》，中国消防志愿者的功能定位是参加消防知识、技能的学习和培训，发挥消防志愿服务的专业优势，深入机关、团体、企业、事业单位及社区、街道、村寨，开展以消防宣传教育为主，预防和整改火灾隐患、消防安全救助为辅的系列公益行动。

（4）按照注册情况分类

在我国，志愿者中有相当一部分是实名注册的志愿者，即符合给定条件，经过一定程序审核和筛选后，在志愿者服务组织或管理机构正式登记注册并接受所在组织严格管理和规范使用的个人。一经注册，志愿者与其所在的组织和机构之间就会形成一定的契约关系，在这种契约关系下，志愿者与组织或机构之间互为权利主体和义务主体。对于组织或机构来说，可以按照规定要求志愿者需要符合一定条件并提供相应的无偿服务，但同时也负有管理、培训、激励和保护志愿者的义务；对于注册志愿者来说，既有接受培训、服从安排和提供无偿服务的义务，也有要求机构维护机构理念、组织服务活动、提供成长空间和权益维护的权利。还有一部分是因临时需要而参与志愿服务的个人，这是我国一般型志愿者中的一大部分，可以称为临时志愿者。

（5）按照专业程度分类

根据志愿者提供志愿服务的专业程度，可以将志愿者分为专业志愿者和通用志愿者。

广义上的专业志愿者是指在志愿服务参与的过程中，能够运用自身的专业知识和技能的志愿者，如支教志愿者，他们能够运用自身所学的专业知识和技能为相对贫困落后的地区提供较为专业的智力支持，推动扶贫扶智工作的开展。狭义上的专业志愿者是指那些拥有专业知识和技能且获得专业资格认可的志愿者，如红十字应急救护员。与通用志愿者相比，专业志愿者能够更专业、更熟练、更恰如其分地解决服务对象的问题，如青少年问题、医疗救助、法律救助、政策咨询等，能够推动志愿服务水平的提升。

通用志愿者即在平常状态下提供服务的志愿者，这类志愿者没有专业和技能上的要求，主要是指在指定的时间和岗位上承担基本的、非专业性的通识性服务的志愿者。此类志愿者具有吃苦耐劳的精神，能够为服务对象提供周到、便捷的服务。

（二）志愿服务组织

1.志愿服务组织的概念

随着志愿服务理念的逐渐普及和推广，在生活和工作中可以发现，有越来越多的专业或非专业机构在从事志愿服务工作。这些机构有着不同的称谓，人们可能把这些机构称为"志愿者协会""志愿服务总队""志愿者指导中心""志愿服务团""义工联合会"等。这些开展志愿服务工作的机构统称为"志愿服务组织"。

当前，人们普遍认为志愿服务组织最根本的理论始于 20 世纪西方社会中的市民社会理论。市民社会理论在西方政治学中有着悠久的历史，这一理论指出市民社会是建立在民主社会的过程中同国家、市场一起构成的相互关联的三个领域之一，而在这个领域中的任何组织的形成均是建立在自愿的基础上，同时它们也不以营利为目的。

《中国志愿服务大辞典》对我国本土志愿服务组织的形成时间进行了解释，它认为我国本土的志愿服务组织形成于 20 世纪 80 年代末期。在这个时期，我国在社区服务的基础上诞生了最早的本土志愿者，并一步步构建了社区志愿服务组织。关于志愿服务组织的定义同样有广义和狭义之分，广义上的志愿服务组织指的是那些不以营利为目的的非政府性质的组织。狭义上的志愿服务组织可以参考《志愿服务条例》中的定义，即依法成立的并开展志愿服务的非营利性组织。

目前我国学术界并未对志愿服务组织形成一个统一的定义，但是在我国一些地方性的法律法规中可以找到关于志愿服务组织定义的解释。例如，广东省颁发的《广东青年志愿服务条例》中便对志愿服务组织进行了解释，这是我国第一部地方性的志愿服务法规。该条例认为青年志愿服务组织应当是一个从事志愿服务的非营利性组织，同时组织中还应包含以下各个部分，如青年志愿者协会、青年志愿者服务站以及青年志愿者服务队等。

联合国对志愿者服务组织的定义进行了解释，志愿者组织是由公民成立的一种区域性、世界性的非营利组织。从具体上来讲，志愿者组织是以促进公共利益的实现为工作导向，并向社会提供多元化的服务，并鼓励人民积极参与当地的事务。除此之外，志愿者组织还提供政策分析及其他专业技能，并在此基础上构建早期的预警机制，协助监督与执行国际协定。从广义的角度上来看，志愿者组织是社会上的志愿者的有序集合，也就是那些拥有共同志愿的人在志愿精神的引领下，不以获取物质报酬为目的，将自己的时间、精力贡献给社会及他人而形成的非营利性组织。

在香港特别行政区，志愿者组织又被称之为"义工组织"，这些"义工组织"主要是指以推动义工服务和任用义工为主的机构、组织、社团或小组，界别可多元化，如学校、社会福利服务、医疗、环保、文娱康体、地区事务等，皆有义工组织协助推动本地义务工作。

国外学者往往从宏观角度来解释志愿者组织，如《意大利志愿服务基本政策法》的第三条对其定义做了解释，认为志愿者组织是有效运用其成员个人性质的资源无偿服务而自行创建的，实施第二条提供的活动的任何组织均可称为志愿者组织。

以上我们对国内外关于志愿者组织的定义进行了整理，虽然各个国家、地区的学者对志愿者组织的定义有不同的理解，但是从整体上来讲其定义包含以下两个方面：第一，有组织、有目的地开展社会公益活动，其活动并非单纯的个人行为。第二，推广志愿行为是志愿者组织的任务之一。如果从这两个角度来概括志愿者组织，我们可以将任何发起、倡导、推广志愿行为的非政府性的、非营利性的组织、团体称之为志愿者组织。

2.志愿服务组织的特征

志愿服务组织属于非营利性的社会组织，从全球范畴来看，志愿服务组织可以分为正式组织和非正式组织两种，区分的标准主要是人员的正规性、使命的长期性和组织规则的约束性，而外在的突出标志则是是否依法登记。

美国学者莱斯特·M.萨拉蒙认为志愿服务组织应具备五个特征：第一，组织性，即这些机构都有一定的制度和结构。第二，私有性，即这些机构都在制度上与国家相分离。第三，非营利属性，即这些机构都不向他们的经营者或"所有者"提供利润。第四，自治性，即这些机构基本上是独立处理各自的事务。第五，自愿性，即这些机构的成员不是法律要求组成的，这些机构接收一定程度的时间和资金的资源捐献。[①]

国内的一些学者认为萨拉蒙对志愿服务组织特征的界定并不适用于我国的实际情况，他们认为自愿性、非营利性、公益性、服务性、社会性和多元性这六个特点更符合我国目前的实际情况。第一，自愿性，即组织成员在没有物质报酬的

---

① 莱斯特·M.萨拉蒙.全球公民社会——非营利部门世界[M].贾西津译.北京：社会科学文献出版社，2002.

情况下，把自愿为他人和社会提供服务作为组织的使命。第二，非营利性，即不以获取利润为目的，所有利益都不向组织成员进行分配，非营利性是志愿服务组织区别于其他社会组织的重要特征。第三，公益性，即组织的所有活动都不同程度地以公共利益为目标，以参与或倡导服务大众的公共事务为目的。第四，服务性，即志愿服务组织以服务社会、服务民众为根本任务，通过自身的服务，整合相关资源，促进个人与社会的和谐发展，促进社会的公平正义。第五，社会性，志愿服务组织属于社会性组织，必须依法、依章独立自主地开展各种社会服务活动，组织内部要有基本的章程和制度框架，有完善的管理程序，能够独立自主地做出决策，带领组织成员和临时招聘的项目志愿者，执行各种志愿服务项目，开展志愿服务。第六，多元性，即志愿服务组织的类型多元和涵盖的人群多元。所谓类型多元是指志愿服务组织既有占绝大多数党政或群团组织背景的机构，也有各类纯民间的、草根性志愿服务组织。而涵盖人群多元是指志愿服务组织既有由社区普通居民组成的志愿服务组织，也有具有行政性和影响力的党员志愿服务组织；既有以行业为依托的带有专业性的志愿服务组织，也有为完成某项具体活动而成立的普通志愿者组成的临时性志愿服务组织。

3.志愿服务组织的类型

志愿服务发展到今天，已经逐步形成了相对完善的覆盖面积和服务领域，形成了丰富的服务类型和形式。在中国，志愿服务具有强大的基础，志愿服务已经进入全民参与、惠及全民的双赢模式，走进了全面发展的新时代。综合来看，大致可以从三个角度进行分类。

第一类，服务型志愿服务组织。

在我国志愿服务最初发展阶段，社区服务、助老助残、环境保护、交通协管等提供公共服务的志愿服务是最主要的志愿服务类型。这样的志愿服务组织可以称为服务型志愿服务组织。例如中华环保联合会是从事环保志愿服务的全国性志愿服务组织，经中华人民共和国国务院批准，民政部注册，中华人民共和国生态环境部主管，由热心环保事业的人士、企业、事业单位自愿结成的，非营利性的，全国性的社团组织，成立于2005年4月22日。其宗旨是围绕实施可持续发展战略，围绕实现国家环境与发展的目标，围绕维护公众和社会环境权益，充分体现中华环保联合会"大中华、大环境、大联合"的组织优势，发挥政府与社会之间的桥梁和纽带作用，促进中国环保事业发展，推动全人类环境事业的进步。

北京大学爱心社是综合类高校志愿服务组织，成立于 1993 年 11 月 23 日。它由 17 位冬日自发的扫雪者发起成立，是中国高校第一家由学生自发成立的志愿服务社团。该社以"奉献爱心、呼唤爱心、自我教育"为宗旨坚持从事公益活动，得到了社会各界知名人士的大力支持，曾邀冰心老人担任名誉社长，2005 年"爱心万里行"则邀请到了国学大师季羡林、著名诗人贺敬之、著名作家梁晓声、残联名誉主席邓朴方和北大著名教授厉以宁、林毅夫、朱青生等担任名誉顾问，2007 年又邀请到了外交部原部长李肇星出任爱心大使。

深圳市义工联合会是地方性综合类志愿服务组织。1990 年 4 月注册成立，为中国内地第一个义工法人社团，位于深圳市福田区。其发起人为共青团深圳市委，由志愿为青少年和社会提供义工服务的社会各界人士（主要是青少年）组成，宗旨为"服务社会，传播文明"，实行会员管理制度，会员分个人会员和团体会员。其组织体系以四级义工组织网络为主体，即市、区两级建义工联、街道建义工服务中心、社区建义工服务站，以法人义工社团和团体义工为辅助。

第二类，支持型志愿服务组织。

支持型志愿服务组织主要以培育和提升其他志愿服务组织为目标，当前我国支持型志愿服务组织的具体形态大致可以分为政府力量主导、社会力量主导和基金会力量主导三类。

中国社会工作协会志愿者工作委员会是全国性的综合类志愿服务组织。其前身是成立于 2005 年 3 月 18 日的"社区志愿者工作委员会"。由中国社会工作协会主管，民政部基层政权和社区建设司业务指导，旨在推动中国志愿服务事业发展。2007 年 11 月 19 日，经民政部批准更名，中国社会工作协会在北京召开志愿者工作委员会全国会员代表大会。业务范围包括研究志愿者工作发展战略，制定志愿者工作发展纲要；推行志愿者登记制度；规范志愿者活动行为；培训志愿者服务技能；表彰志愿者先进典型；弘扬志愿者精神；树立志愿服务工作的示范典型；筹集志愿服务活动基金，开展项目合作，开辟志愿服务新领域；开展同香港、澳门、台湾，以及国际之间志愿者组织的交流与合作；承办国家有关部门及协会委托的业务。

新公益伙伴（New Philanthropy Partners，简称 NPP）是全国性综合类志愿服务组织。成立于 2006 年 11 月，是由公司、企业和基金会共同发起成立的公益组织，以促进中国公益产业发展为使命。由麦肯锡公司、德勤会计师事务所、奥美整合营销传播集团、君合律师事务所、摩托罗拉公司、诺华公司、永丰余集团、中国青少年发展基金会、中国扶贫基金会等作为共同发起单位和理事会成员，以提供免费专业服务、现金、实物捐赠和志愿者等形式参与 NPP 工作。

中国志愿服务基金会是致力于志愿服务领域的全国性公募基金会，2009 年成立于北京，是面向中国及许可的国家和地区进行公众募捐的全国性公募基金会。该协会的业务主管部门是中共中央宣传部，由中央文明办代管。中国志愿服务基金会的创设宗旨主要是宣传、推广志愿服务，为我国志愿服务活动搭建一个良好的平台，引导人们积极做好事，逐渐提升我国人民的综合素质水平，并在此基础上逐渐促进我国人民社会主义核心价值观的形成。另外，中国志愿服务基金会的主要业务范围有以下三个方面：一是结合当前我国经济社会发展以及精神文明建设的实际需要，为我国志愿服务活动的开展提供便利；二是组织并宣传志愿服务理念；三是对那些参与志愿服务活动且做出突出贡献的团体和个人给予奖励。主要资助的项目有："百万空巢老人关爱行动""百万双语教师志愿援疆行动""关爱农民工志愿服务活动"等。

第三类，枢纽型志愿服务组织。

枢纽型志愿服务组织是阶段性存在的，伴随着志愿服务的发展规律而产生，为志愿服务组织的成长提供服务，当志愿服务组织发展成熟，志愿服务体系形成之际，"枢纽"的作用和使命也就完成了。当前，随着社会转型的不断加快，志愿服务组织呈现出井喷式增长，基于对整个资源的整合和对组织的管理，枢纽型志愿服务组织应运而生。

中国青年志愿者协会是中国志愿从事社会公益活动的最大的全国性社会团体。该协会于 1994 年 12 月 5 日在中国共产主义青年团的指导下成立，是一个全国性质的青年志愿者组织，同时也是一个非营利的社会组织。除此之外，中国青年志愿者协会不仅是全国青联团体会员，同时也是联合国国际志愿服务协调委员会联席会员组织。

中华志愿者协会是全国性综合类志愿服务组织。2011 年 4 月 26 日成立于北京，它接受业务主管部门民政部和国家社团登记管理机关的业务指导、监督、管理，并接受中央精神文明建设指导委员会办公室的业务指导，由志愿者以及关心和支持志愿服务事业的单位或组织自愿组成，是按照章程开展活动的公益性、全国性的社会团体组织。

中国志愿服务联合会经民政部批准于 2013 年 12 月在北京登记成立。中国志愿服务联合会是由志愿者组织、志愿者自愿组成的全国性、联合性、非营利性社会组织，在中央文明委指导下开展工作。联合会宗旨：普及志愿理念，弘扬志愿精神，培育志愿文化，组织开展志愿服务活动，推动形成我为人人、人人为我的社会风尚。

（三）志愿服务项目

1.志愿服务项目的概念

随着我国志愿服务事业的不断发展，志愿服务的广度和深度也在不断地拓展和深入，志愿服务的内容也日益丰富，志愿服务从大型活动类深入到社会生活的诸多方面。从北京奥运会到上海世博会，从汶川地震到天津滨海新区爆炸，志愿者活跃在我国经济社会发展的各个角落，志愿服务活动日益为广大民众所了解和接受，志愿服务组织也在不断发展壮大，志愿服务的项目化运作也在不断普及和发展。

关于志愿服务项目的定义，学术界有着不同的界定。其中，谭建光、李森在《志愿组织管理》一书中指出，志愿服务项目是指为了实现特定的发展目标，通过有效地利用资源和吸引志愿者的参与，在一定的时间期限内有计划地开展相关的系列活动和志愿服务，是志愿者参与社会发展活动的重要手段。而《中国志愿服务大辞典》中对志愿服务组织的概念则做了如下的界定，即志愿服务项目是指在一定的约束条件下（主要是限定时间、限定资源），以提供志愿服务为明确目标的任务。它往往由一系列独特的、复杂的并相互关联的志愿活动组成。

综合以上关于志愿服务项目的定义，在本书中，志愿服务项目是指在一定目标的指引下，在特定的时间、预算、资源的限定内，有计划、有组织地开展满足群众需求的志愿服务活动。志愿服务项目是新时代公众参与社会治理的重要载体。

志愿服务项目一般由五个阶段组成，这五个阶段共同构成了志愿服务项目的生命周期：第一，项目开发阶段。通过对社会需求进行评估和确定，对志愿服务项目进行可行性分析，最终确定项目，并撰写项目协议书，进行筹资和资源动员及整合。第二，计划阶段。立项之后，组成项目团队，对项目进行安排，成本预算，确定项目成功的标准。第三，实施阶段。按照项目计划开展项目系列活动，产出项目阶段性成果，并进行监测控制和改进。第四，收尾阶段。对项目成果进行验收和评估，总结项目的经验及不足，并为新项目的开发提供可行性建议。第五，贯穿始终的项目监测与评估阶段。从项目计划到收尾阶段，都需要进行信息沟通、质量监控、经费和财务监督、项目进展的跟踪和评价，总结经验和成果，提出改进建议，促进项目的不断完善。

2.志愿服务项目的特征

志愿服务项目往往由一系列独特的、复杂的并相互关联的志愿服务活动组成，是独一无二的志愿服务任务。志愿服务项目的主要资金来源有政府财政、基金会支持、企业捐赠、服务收费等。

志愿服务项目的特征是普遍性和特殊性的统一。所谓普遍性是指志愿服务项目一般具有自愿性、非报酬性、利他性、公益性和服务性等特征。志愿服务项目的特殊性是指除了以上志愿服务的一般特征以外，还具有指向性、时效性、组织性等特点，即志愿服务项目是在明确目标的指引下，有计划、有组织地为特定的服务和成果所做的阶段性的志愿服务，它特别强调志愿服务的时效性和服务的组织性。例如，团中央实施的西部计划，派遣大学毕业生到西部地区乡村基层任职一到两年，根据当地需求开展志愿服务，服务对象明确，服务内容固定，目标清晰，有时间限制。

3.志愿服务项目的分类

随着志愿服务项目化趋势的不断推进，志愿服务活动质量的逐步提升，志愿服务实效的逐渐显现，志愿服务日益成为改善人际关系、提高生活质量、推动社会文明进步的重要力量。志愿组织通过志愿服务项目的策划及实施，使志愿服务真正普惠人民群众，切实做到想民所想、解民所忧，使志愿服务得到广大人民群众的认可和支持，得到党和政府的重视和赞许。志愿服务的类型多种多样，在不同的视角下，志愿服务类型的分类方式也不尽相同，本书主要从志愿服务的内容、组织主体和服务区域三个方面对志愿服务项目的类型进行归类。

（1）按照志愿服务的内容划分

①便民利民类。提供家电维修、家政联络、信息咨询等服务。例如湖北武汉

市蔡甸区"红色物业"是典型的便民利民的物业志愿服务组织，其本质是把物业服务企业的党组织打造成为党的工作队。该组织采用街道指导、社区主导的方式，重点引进一批资质高、信誉强、服务好的物业服务企业，通过为社区提供优质的志愿服务，改变社区环境脏乱差、社区信息咨询不畅等问题，为社区居民提供家电维修、家政联络、信息咨询、环境整治等服务，使社区环境优美、路面整洁、居民和谐，"红色物业"火一般的热情深深地温暖着居民的心。

②扶贫帮困类。为下岗职工、残疾人、老年人、失学儿童、特殊困难家庭等弱势群体提供力所能及的帮扶。例如，成立于2013年10月的"我们永远在一起"的助力扶贫济困志愿服务项目，是宁夏六盘善行社会工作服务中心通过"社工＋义工"的服务模式，借助社工的专业优势，整合志愿服务资源，对留守人员的关爱实现从"一般关爱"向"心灵关怀"深化。项目先后招募吸纳100多名志愿者参与服务，在"苦瘠甲天下"的"西海固"地区开展了以"三留守人员"为重点的助力扶贫济困志愿服务，为移民学校、留守儿童送去温暖。

③就业指导类。提供技能培训、岗位推荐、维权援助等服务。例如聊城市北极星青年就业指导志愿者协会，是聊城团市委在1600余人的聊城人力资源管理QQ群这一青年网络组织的基础之上孵化而成的青年公益社团，主要由聊城市各企业人力资源管理工作人员和青年企业家、爱心人士组成，他们充分发挥其在招聘、培训等方面的资源优势，开展对全市青年，尤其是大中专学生的就业指导志愿服务活动。该组织自2015年筹建以来，自行设计上线了公益招聘网站——"聊城青年人才网"，承接了由团市委和聊城报业传媒集团主办的"就有未来"聊城青年就业训练营计划，积极参与春运志愿服务、卫生文明志愿服务和爱心捐助大学生"朝阳计划"等志愿服务项目，产生了良好的社会影响。

④治安维稳类。开展义务巡逻、矛盾调解、法律咨询、青少年帮教等服务。例如被誉为"维稳王牌"的北京"西城大妈"平安志愿者团队开展的维稳项目。该项目始终坚持以推进平安建设和社会治理为宗旨，注重将传统的政治动员与现代志愿服务理念紧密结合，不断推进群众参与平安建设的新机制、新模式、新内容，发挥群防群治力量作用，紧紧依靠首都群众，为共保首都安全做出了重要贡献。

除了以上四种分类，还有其他的组织类型，例如：卫生保健类、环境维护类、宣传教育类、文体娱乐类、助农增收类和心理咨询类等。

（2）按照志愿服务项目发起组织主体进行划分

①有政府背景的志愿服务组织发起。政府作为志愿服务组织的主体，是具有中国特色的志愿服务组织，志愿服务的主体是个人，但是组织志愿服务的主体是各级政府及各地方企事业单位。如1993年成立的北京市志愿服务联合会（原北京志愿者协会）是由北京团市委发起，经市民政局核准登记，由热心志愿服务事业的社会各界人士自愿结成的联合全市各部门、各系统、各领域志愿者组织的"枢纽型"社会组织。依照《北京市志愿服务促进条例》规定，北京市志愿服务联合会负责统筹、指导、协调全市志愿服务工作的开展，该组织给自己的定位是"以弘扬志愿精神，传播志愿理念，倡导良好社会风气、健全社会服务体系、促进社会和谐建设为宗旨，以关爱他人，服务社会，深入开展符合实际、贴近民生的志愿服务项目，建立与政府服务、市场服务相衔接的社会志愿服务体系，推进社会主义和谐社会首善之区建设为目标"。

②民间正式登记注册的社会组织发起。由民间发育起来，以承担社会志愿服务为基本宗旨的正式登记注册的服务型志愿服务组织。如从事环保志愿服务的地方性志愿服务组织"自然之友"，1993年6月5日成立于北京，是致力于推动公众参与环境保护，支持全国各地的会员和志愿者关注本地环境挑战的非营利性的民间环保组织。最近五年，他们回应中国快速城市化进程中日益凸显的城市环境问题，通过推动垃圾前端减量、城市慢行交通系统改善、低碳家庭和社区建设、城市自然体验和环境教育等，探讨和寻找中国的宜居城市建设之路。愿景是"在人与自然和谐的社会中，每个人都能分享安全的资源和美好的环境"。使命为"建设公众参与环境保护的平台，让环境保护的意识深入人心并转化成自觉的行动"。该组织曾呼吁并发起藏羚羊保护、滇西北天然林和滇金丝猴保护、首钢有污染的项目搬迁、关注西南水电开发、26度空调节能行动等环保项目。

③自组织发起。自组织发起指公民为解决和预防社区面临的贫穷、教育、疾病、交通、住房等一系列社会问题而自愿组织或参与的社会组织。这类社会组织大量存在且未正式登记，但由其发起的项目具有增强社区凝聚力的重要作用，具体表现为非正式邻里行为增加、社区意识增强、对社区生活品质感到更加满意、对邻里协会的效能理解更深等。

（3）按照志愿服务的区域划分

①全国项目。例如共青团中央大学生志愿服务西部计划，它是共青团中央联合教育部、财政部、人力资源部和社会保障部等部门落实党中央、国务院重大战略决策部署，服务人才强国战略、西部大开发战略和科教兴国战略的重要举措，每年按照公开招募、自愿报名、组织选拔、集中派遣的方式，招募一定数量的高校应届毕业生，到西部基层从事为期 1~3 年的志愿服务工作。自 2003 年启动以来，西部计划高扬理想主义旗帜，探索了以志愿服务的方式引导高校毕业生面向基层就业创业的新途径，唱响了到西部去、到基层去、到祖国和人民最需要的地方去建功立业的时代强音。

②地方项目。例如由共青团北京市委和北京市卫生局发起、行业内近百家医疗卫生机构共同参与的医疗卫生志愿服务项目，始于 2002 年，已经连续开展多年。项目以"送医、送药、送知识、送温暖"为主要内容，按照"区域统筹、条块结合、资源落地、服务属地"的原则，以社区青年汇、市级志愿者服务示范站等为载体，组织各医疗卫生志愿者队伍深入对口支援街道社区、乡镇农村，为当地群众开展义务诊疗、科普宣传、扶贫济困等卫生志愿服务活动，切实帮助群众解决实际困难。

③港澳台地区项目。例如香港乐施会在全国范围内推行的扶贫发展及防灾救灾工作志愿服务项目，始于 1987 年。项目内容包括农村小型基础设施、社区发展基金、农业技术培训、妇女发展、健康与卫生、社区组织发展、扶贫方法研究与政策倡议等类型的农村发展项目。

④国际项目。例如"通过 2008 年北京奥运会促进中国志愿服务发展项目"，该项目为北京团市委、北京市志愿者联合会、北京奥运会志愿者工作协调小组办公室与中国国际经济技术交流中心、联合国开发计划署，联合国志愿人员组织于 2007 年共同签署的国际合作项目。该项目分两个阶段执行，北京奥运会之前和奥运会期间为第一阶段，奥运会之后至 2011 年为第二阶段，旨在增进各国各方的合作，为奥运会提供支持，将志愿服务作为一种可开发的资源，展现其对实现发展目标、建设和谐社会的促进作用。

第二节　志愿服务的相关研究

联合国发布《2015 年世界志愿服务状况报告：转变治理方式》，从亚洲、非洲、拉丁美洲等地区的志愿服务实例出发，探讨了开展志愿服务优化治理，当地基层社会、国家治理乃至全球治理的原理、方法和框架，并提出了面向未来提升志愿服务能力的发展议程。学术界围绕志愿服务展开的理论与实践研究则同样可为推进志愿服务发展提供支持。

国外的志愿服务研究多为基于心理学、社会学、经济学或管理学理论与方法的定量研究，涉及了公共环境、卫生健康、公共管理学、心理学、教育学、社会工作等多门学科。基于心理学理论的研究主要关注志愿服务的内在因素，包括志愿者的个性特质、自我认知和行为动机；社会心理学理论通过个体的种族、性别及所属社会阶层等社会人口统计学特征来分析志愿行为；社会生态层面的诸如社会网络、群体特征等变量同样是参与志愿服务的影响因素；经济学理论则从无偿劳动、期望奖励动机等角度展开相关研究。

国内的志愿服务研究，随着志愿服务的活跃发展而兴起，2008 年北京奥运会的成功举办凸显了志愿服务和志愿者的重大作用及意义，相关研究的数量和质量迅速攀升。国内学术界对志愿服务的研究主要集中于公共管理、教育学、社会学、政治学、图书情报档案以及公共卫生与预防医学等多门学科。研究主题主要涉及志愿精神研究、国内外志愿服务比较研究，以及志愿服务的内涵界定、运行机制、发展模式、立法探索等方面。与国外多数研究成果大量使用定量研究方法不同，国内的志愿服务研究更多采用质化的、定性的方法。我国社会制度、社会实践和文化因素方面的特点也使中国的志愿服务研究呈现出一定的"中国特色"：结合中国特色社会主义精神文明建设对志愿服务精神展开理论研究；重视青少年的志愿服务研究，衍生了大量有关大学生志愿服务的研究；志愿服务的法治化和规范化建设需求引发了相关支撑性研究；社区志愿服务的发展及其对社会治理的作用也成为一项重要的研究议题。

一、国外志愿服务研究综述

在国际学术研究领域，一系列关于志愿服务的专门的学术性期刊成为刊载志愿服务研究成果的重要阵地，其中具有代表性的期刊有《非营利与志愿部门季刊》（Nonprofit and Voluntary Sector Quarterly）、《志愿者》（Volunteers）、《非营利组织管理和领导力》（Nonprofit Management and Leadership），这些专业化期刊的活跃也反映出国外志愿服务研究已经发展成为成熟学科。《非营利与志愿部门季刊》是由非营利组织与志愿行动研究学会发行的季刊，收录与非营利组织或第三部门相关的研究论文。《志愿者》是一本跨学科的国际期刊，收录了经济学、法律学、政治学、心理学、社会学及公共政策等视角下的第三部门研究成果，旨在为解决公民社会的现实问题提供理论依据。《非营利组织管理和领导力》刊载关于非营利组织管理和领导的高质量学术论文，汇集有关非营利组织特殊需求、挑战和机遇的相关知识，内容包括社会服务、艺术、教育、基金会、社区发展和会员协会等领域优秀学者的学术见解。这些高水平期刊汇集了全球范围内关于志愿服务、非营利组织及第三部门的理论研究成果，呈现了丰富的理论视角和实践经验。一些综述性研究表明，志愿服务研究的主题主要可以划分为参与动机或影响因素研究、组织管理研究和影响效益研究。

（一）志愿服务的组织管理研究

现阶段，学术界学者在研究志愿组织的管理模式时，往往会从以下几个角度出发：组织文化、团队建设、招募、培训、绩效管理等。派恩斯围绕公共和非营利组织中的志愿者管理展开了较为深入的研究，对志愿人员的招聘、选拔、培训、评估和管理做了细致的分析。[①] 部分学者分别对志愿者的领导和管理人员、志愿者招募、培训、监督、激励、营销、公共关系等内容进行了分析。此外还有一些专家对志愿者与付费员工之间的关系进行了深入的研究与分析，并指出在行为、态度、期望以及信任等因素的影响下，两个群体间的冲突很可能会出现。也有专家研究提出志愿组织需要一个记录和报告志愿者贡献的最佳实践模式——在财务报表中附上志愿者的具体贡献，以更完整地展现组织绩效，有利于提升组织的责任感和合法性。

国外部分学者从组织社会责任对志愿者参与行为的影响维度展开研究，发现成员对组织社会责任感的认知以及成员社会意识水平均会对志愿组织的口碑产生影响，且积极评价可以在一定程度上调节社会意识与参与行为之间的正向关系。

① 安秋玲．老年社会工作实务研究 [M]．上海：华东理工大学出版社，2015.10.

（二）志愿服务的正向效益研究

志愿服务在社会治理层面同样具有重要价值，研究表明，志愿服务在微观和宏观层面上对个体、组织、社会乃至国家的发展都起到了正向作用。在微观层面，志愿服务的正向效益多为心理收益。大部分学者认同志愿服务对参与者的心理健康有益，这个作用机制可以是直接的，也可以是间接的。

部分学者认为，长期的服务能够使志愿者认同组织的使命和原则，并对整个组织表示忠诚。参与美国的活动对成员在公民参与、成员与社会的联系、对社区面临的问题的认识以及参与社区活动等方面有积极影响。

二、我国志愿服务研究述评

（一）研究概况

鉴于我国高度重视志愿服务的实践发展，相关理论研究在学术界也得到了支持和发展，志愿服务早已成为相关学者和专家的重点关注对象。实践研究方面，中国青少年研究中心、团中央青年志愿者行动指导中心课题组撰写的《中国青年志愿者行动研究报告》[①]，卢雍政主编的《中国青年志愿者扶贫接力计划》，[②] 谭建光等撰写的《中国社会转型时期的志愿服务——深圳市志愿者及其服务的研究报告》，以及中国社科院社会学所社会政策研究中心课题组撰写的《浦东新区社区志愿服务调查报告》等对全国层面和地方的志愿服务情况及优秀案例和经验进行了梳理和总结。理论研究方面，一系列以志愿服务为研究主题的理论专著先后出版，为我国志愿服务发展初步奠定了理论基础，其中反响较大的专著有丁元竹和江汛清的《志愿活动研究：类型、评价与管理》，[③] 田军主编的《志愿服务理论与实践》，[④] 上海市慈善基金会、上海慈善事业发展研究中心编写的《志愿服务与义工建设》，[⑤] 穆青主编的《志愿服务理论与实践研究》，[⑥] 袁媛和谭建光主编的《中国

---

① 中国青少年研究中心、团中央青年志愿者行动指导中心课题组.中国青年志愿者行动研究报告 [J].中国青年研究,2001(03):44-50.
② 卢雍政,赵鹏,廖恩.中国青年志愿者扶贫接力计划 [M].广州：广东经济出版社,1999.09.
③ 丁元竹,江汛清.志愿活动研究：类型、评价与管理 [M].天津：天津人民出版社,2001.10.
④ 田军.志愿服务理论与实践 [M].上海：立信会计出版社,2007.05.
⑤ 上海市慈善基金会,上海慈善事业发展研究中心.志愿服务与义工建设 [M].上海：上海社会科学院出版社,2007.04.
⑥ 穆青.志愿服务理论与实践研究 [M].北京：北京理工大学出版社,2010.05.

志愿服务：从社区到社会》，[①] 魏娜主编的《志愿服务概论》，[②] 王忠平和沈立伟主编的《志愿服务组织建设与项目管理》，[③] 等等。这些专著系统地论述了志愿服务特别是我国志愿服务的实践经验和理论依据，对志愿服务的运行机制和发展模式提出了深入的思考和建议。

期刊论文特别是核心期刊论文在一定程度上能够代表更具有学术性和前沿性的研究成果。在中国知网（CNKI）文献数据库中，以"志愿服务"为主题词进行检索，可以搜索到截至 2020 年的期刊文章超过 1.8 万篇。根据布拉德福定律，在某一领域的研究中，核心期刊集中发表了该领域的核心文献，因此将对中文期刊论文的分析范围缩小到"中文社会科学引文索引"（CSSCI）的核心期刊所发表的学术论文，搜索到截至 2020 年的共计 1484 篇核心期刊志愿服务研究论文。分析可知，这些核心期刊论文所属细分学科主要为行政学及国家行政管理、高等教育、图书情报与数字图书馆、社会学及统计学、体育、政党及群众组织、思想政治教育行政法及地方法制、教育理论与教育管理等；前十位的活跃发文机构分别为中国人民大学、北京师范大学、中国青年政治学院、北京大学、中山大学、华中师范大学、清华大学、厦门大学、武汉大学、山东大学等，显示了重点高校学者对该主题的关注和积极贡献；主要的发文期刊有《体育科学》、《北京体育大学学报》、《图书情报工作》、《图书与情报》、《社会学研究》、《清华大学学报》（哲学社会科学版）、《南京社会科学》、《中国青年研究》、《中国青年政治学院学报》等。在研究主题层面，核心期刊的志愿服务研究文章的主要主题集中于"志愿服务""大学生志愿服务""志愿精神""图书馆""党员志愿者""社会主义核心价值观""志愿者服务""志愿服务活动""青年志愿服务""思想政治教育""大学生志愿者""和谐社会""社区志愿服务""社会力量参与""长效机制""志愿服务组织"等（图 1-2-1）；研究涉及较多的次要主题为"志愿服务""志愿服务活动""志愿组织""志愿精神""志愿服务工作""志愿服务组织""大学生志愿者""志愿服务事业""志愿者队伍""志愿服务项目""社区居民""社会主义核心价值观""共青团""社区服务""志愿文化""常态化""青年志愿者行动""激励机制"等（图 1-2-2）。

① 袁媛，谭建光.中国志愿服务：从社区到社会 [M].北京：人民出版社,2011.02.
② 魏娜.志愿服务概论 [M].北京：中国人民大学出版社,2018.11.
③ 王忠平，沈立伟.志愿服务组织建设与项目管理 [M].北京：中国人民大学出版社,2018.10.

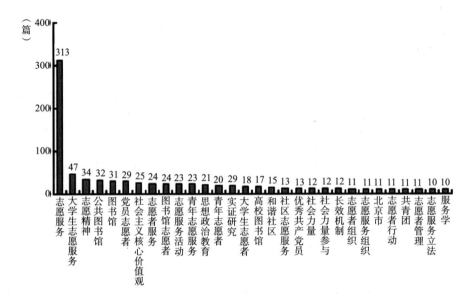

图 1-2-1 截至 2020 年 CSSCI 核心期刊志愿服务研究主要主题分布

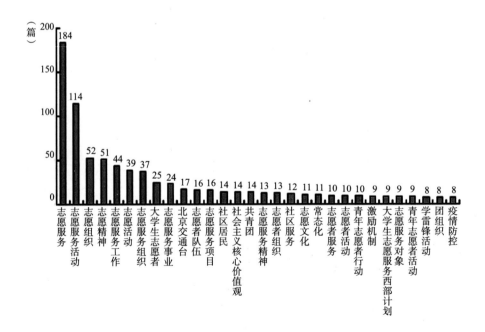

图 1-2-2 截至 2020 年 CSSCI 核心期刊志愿服务研究次要主题分布

综上可见，我国的志愿服务研究在总结中国国情与实践的基础上，一方面与国际研究接轨，另一方面彰显出一定的"中国特色"。除了对中国志愿服务及组织的内涵本质、发展路径展开了深入研究之外，当前的志愿服务研究也越来越重视对志愿服务的参与动机、激励机制方面的研究以及志愿服务的常态化、制度化及长效性建设研究。

（二）理论、组织与精神研究

从理论与实践的角度来看，志愿服务的理性基础研究应当为社会实践活动服务，为此在结合我国基本国情的基础上，明确志愿服务的含义、内涵、类别体系以及意义、内容等，从而为推动我国志愿服务的发展打下坚实的基础。从某种意义上来讲，志愿服务往往受时间、空间等因素的影响而形成不同的定义，从我国的国情来看，志愿服务与社会主义精神文明建设有十分紧密的联系。部分学者从抽象哲学的角度出发，对志愿服务的本质进行了探索，并指出其本质是对异化劳动的扬弃，通过建立平等开放的网络系统，实现全面自足的社会服务供给。相关专家指出，志愿服务的定位在于以培育公民公共价值、积累社会资本、协调社会资源与公共服务供给为切入点参与社会治理。志愿服务的实现形式既可以是个人行为，也可以是有组织的行为。从组织形式角度来看，志愿服务可以划分为两种：一是无组织的志愿服务，以个人认知形式回应社会需求；二是有组织的志愿服务，公民加入非营利组织就是通过组织提供志愿服务的一种重要表现形式。关于志愿服务的意义，有专家认为其是一种高尚的社会行为和一项重要的社会公益事业，也是文化软实力的重要构成，"体现着国家、社会的文明高度"。

有学者指出，参与志愿服务对于个体而言有习得新的操作技能、培养新的兴趣爱好、获得不同的人生体验、广泛结交新的朋友、拓展职业规划选择等方面的积极作用。专家通过实证分析将我国志愿服务的发展成就总结为：志愿服务队伍扩大、组织体系多元化、法制化进程加快、社会影响扩大等。

第三节　中国语境下的志愿服务事业

"志愿"（volunteer）是近代以后才在国际上流行开来的概念，不过，其包含的以仁爱为基底的思想、倡导的互助行动却早已存在。这在不同的时代、社会、文化中都有迹可循。在我国传统社会中，仁爱、乐善、慈悲等是儒、释、道等学说共同推崇的，不论是君王还是平民，社会成员的施善、行义等事迹被广为传颂。这样来看，若是抛开概念的外壳，"志愿"并非西方的发明，"志愿"在我国也就不能被笼统地归结为舶来品。

不可否认，传统的仁爱、善行等与当今的志愿在"名""实"上皆有差异。志愿不仅强调仁爱、慈善、奉献等，还十分强调对效率的追求。伴随着西方近代早期以来福利思想的多样化，各类志愿组织应运而生。这些志愿组织试图从世俗的、非政府的、非营利的角度来应对多元的福利需求，从补充、互补的角色，成长为与国家、市场并驾齐驱的理念内核和运行机制。志愿主义的支持者提出，在福利提供上志愿部门比国家和市场更有效率。因为其具备重建社会道德的功能，能够促使社会运转，形成良性循环，从根本上增进福利。可见，效率是福利提供主体的合法性来源，是其能否在福利体系中占据一席之地的根本。

随着新中国的成立，志愿服务事业得到了党和国家的重视与支持，蓬勃发展起来。改革开放前，志愿的理念蕴藏在各类义务运动中，比如爱国卫生运动、学雷锋运动、全民义务植树运动等。这些义务运动将爱国、服务人民、团结、友爱等结合起来，成为建设社会主义新道德的平台。改革开放后，志愿服务事业作为动员社会力量提供公共服务、参与社会治理的渠道，获得了更为广阔的发展空间，覆盖了教育、文化、环保、扶贫、救灾等多个领域。志愿者、志愿组织等进行了因地制宜的创新，试图提升服务的效率。党的十八大以来，我国志愿服务事业更是飞速发展。到 2018 年，我国志愿者总数约为 1.98 亿人，志愿者组织总量达到143.3 万个，它们对我国社会的良性运行发挥了不可小觑的作用。

可见，不论中西，志愿的扎根、成长本质上都是在力图兼顾对仁爱的传承和对效率的追求。当然，基于中西社会基础、文化机理的不同，传统的仁爱的内涵不同，仁爱与效率的相遇也呈现不同的张力。这进而形塑了中西志愿各自的形态，以及志愿者、志愿组织、志愿服务领域等在各自福利格局、治理体系中的角色。

在 18、19 世纪的英国，多元的福利提供主体争相以自己的方式参与福利事业，在显露出各自优势的同时，也都遭遇了不同程度的失灵问题。这使得各个志愿部门意识到，单一主体之间需要合作和协同。"政府失灵""市场失灵""志愿失灵"等理论就以不同的主体为中心，寻求不同主体"分而治之"——在福利提供、社会治理中进行分工合作的方法。由此，围绕如何理解各福利提供主体之间的关系就出现了不同的"措辞"，比如自由主义、改良主义、激进主义等。由此可见，西方语境中的志愿服务事业不仅是福利工具和治理手段，还是自成体系的理念和思想。其对仁爱和效率的建构与国家、市场等其他福利提供主体是区别开来的。

但中国则不同，在传统社会中，各个福利提供主体，比如宗族、寺庙、明末出现的善堂和善会等，在解读包含仁爱在内的一系列福利思想时融合了各家学说，形成了共享、相融的理念。这使得在近代和当代的福利体系转型中，各个福利提供主体在对仁爱等福利思想的重塑和解读上也就有着相同的基础。所以，在志愿这一概念得以引入后，其虽然用来指代政府组织、市场组织之外的福利提供者，具有区别于其他福利提供主体的知识和机制，但其并没有独立地去构建对仁爱和效率的理解，而是在与其他主体的相互影响下着力塑造共同的认知，将福利的目标、思路、功能整合在一起。志愿服务事业不仅是精神文明建设的重要途径，还在党和政府的引导下，成为满足社会成员多元需求的福利提供渠道和促进多方参与的社会治理平台。

我国的志愿服务事业既不是"土特产"，也不是"舶来品"，而是在本土和国际的双重影响下不断推进的。在发展过程中，我国的志愿服务事业也遇到了很多与其他国家类似的发展困境。尤其是当其在试图寻找通往仁爱之路时，势必要面对在转型中张力愈益凸显的利他与利己、自愿与义务等一系列理念的冲突。这就导致志愿服务事业在定义服务的专业性、探讨自身的可持续性等发展议题时遇到诸多的迷思。当前，我国志愿服务事业日益被赋予了越来越重要的治理职责，那么被寄予厚望的志愿服务能否卓有成效地承担起这些重任，就成为最紧要的研究问题。

全面、历史地来看，当前我国的志愿服务有三项重任，即参与新时代精神文明建设、参与社会治理和促进社会健康转型。首先，志愿服务是我国新时代精神文明建设的着力点，能否通过志愿活动的普及让志愿精神走向常态化，是社会文明进步的重要渠道。传统的仁爱元素转化为奉献、友爱、互助、进步的价值，经由志愿服务的平台呈现为邻里守望互助、关心困难群体、热心公益事业等各个层面。其次，志愿服务是公众参与社会治理的重要平台，通过志愿服务的制度化、专业化来满足公众日益多元的需求，是坚持和完善共建共治共享的社会治理制度所要求的。最后，志愿服务是促进社会健康转型的关键纽带，在社会急速转型的背景下，通过志愿服务促进不同阶层、不同代际、不同地域的群体有机整合、形成共识，是塑造社会信任的重要机制。

在发展中，我国的志愿服务越发成熟，不同程度地肩负起了三项重任。但整体上而言，各类志愿服务工作仍在不断地遭遇各种困境。这种"失灵"的情况有些是时段性的，有些则是结构性的。具体而言，在本土创新和借鉴国际经验的过程中，我国志愿服务组织仍在寻找灵活且高效的工作机制，以求适应各地、各领域的需求。在这个探索过程中，作为治理技术的志愿服务如何进行顶层设计、如何形成具体的制度、采用怎样的策略落地等都在调整中，所以出现"失灵"是发展的必经阶段，这是所谓的时段性"失灵"。但与此同时，我国志愿服务的三项重任，即参与新时代精神文明建设、参与社会治理和促进社会健康转型，对志愿服务发展方向的引导和要求并不总是一致的，这就导致了志愿服务的结构性"失灵"。

新时代精神文明建设期望以志愿服务为平台，传播奉献、友爱、互助、进步的理念，注重在志愿服务中培育社会成员利他的、和睦的、团结的、积极的精神。所以，志愿服务的普及化很重要，如此才能让社会成员在共同的经历中、在认同的基础上建立起对彼此的关怀和对整个社会的关切。并且，志愿服务的动员策略、激励机制、组织制度等都应当以精神培育为目标，注重长期的影响和效果。

而作为参与社会治理的主体，志愿服务应当从自身的知识体系出发，动员社会成员参与治理，既为社会成员提供表达诉求的平台，也促使社会成员力所能及地以非营利的方式提供公共服务，实现共建共治共享。在这样的目标下，志愿服务应当追求专业化的发展，从而提升志愿服务的效率和效果。并且，志愿服务应当关注个体当下的需求，并以此为依据追求多元的组织形态、覆盖更多的领域、采取多样的激励方式，从而更广泛地激发参与、满足需求。

志愿服务为广大人民群众在社区、单位等各个生活和生产的组织中提供了交流情感、建立认同、协同行动的平台，为社会整合提供了有效的机制，进而得以促进社会的健康转型。因而，若以促进社会健康转型为目标，志愿服务应当重点关注行动和组织过程中如何化解矛盾、培育信任，继而塑造和谐的社会关系，在基层防范社会风险、解决社会问题。

这三项重任内在上是相得益彰、相互促进的。精神文明是共建共治共享社会治理格局形成、社会顺利健康转型的基础。社会治理形成的良性的运转机制则会进一步促进新时代精神文明建设，并且可以防范和抑制社会矛盾，有益于社会健康转型。而不同阶层、不同代际、不同地域的社会成员得以整合，既反映了新时代精神文明建设的成果，又与社会治理的目标一脉相承。但是由于三项重任在短期和长期所强调的目标和价值存在张力，对志愿服务在理念层面和实践层面上的要求和期待就有所不同。

在理念层面上，三项重任对志愿服务价值中利他与利己、义务和自愿的偏好取向是不同的。志愿者的参与动机是多样的，或基于利他动机，或基于利己动机，或两者兼有，或动机模糊，而志愿服务在结果上既是利他也是利己的——对于志愿者和服务对象都有益处。于参与新时代精神文明建设而言，其内核强调志愿服务的利他性，由此弘扬奉献、乐于助人和团结友爱的精神；于参与社会治理而言，其关注个体的需求，更倾向于通过志愿服务中利己的一面来调动资源、吸引社会成员的参与；于促进社会健康转型而言，其并不强调志愿服务的利他性或利己性，而强调社会成员对两者的兼容，尤其是尊重和接纳他人和自己对两者的认同差异。此外，在各个国家和地区，志愿服务的发展既强调参与者的自愿，也从国家层面强调动员和号召的义务性质。于参与新时代精神文明建设而言，其强调志愿服务参与者发于本心的自愿性，只有这样才能形成正向循环的精神培育机制；于参与社会治理而言，其从制度上强调对志愿服务的义务性塑造，从而保障社会治理的动员和激励效率，让志愿组织具有稳定而充足的人力资本；于促进社会健康转型而言，其兼容志愿服务的自愿性和义务性，但强调基于两者的制度设计在面向社会成员时是公平的。

在实践层面上，三项重任对专业化还是普及化、物质提供还是精神培育、制度化还是常态化的强调程度也是不同的。首先，新时代精神文明建设尤其强调志愿服务要普及化发展，只有这样才能在规模和范围更广的社会成员中培育和塑造精神；社会治理强调形成可持续的服务供需机制，这要求志愿服务走向专业化；促进社会健康转型的目标要求兼顾专业化和普及化，但在专业化和普及化的进程中，要通过与社会成员的充分沟通，让不同的理解、价值和方法在人们的交流中得以碰撞。其次，尽管志愿服务既有物质资源的流动，也有精神的培育和交流，但显然新时代精神文明建设更重精神，而社会治理更重实质的服务，社会健康转型则要求资源的带入和精神的激发都要避免激发矛盾。最后，制度化和常态化是志愿服务发展所必须实现的。新时代精神文明建设更重常态化，试图让志愿服务化为社会成员的日常生活习惯；社会治理更重制度化，期望让志愿服务建立完整的组织机制，从而保障服务的延续和治理格局的稳定；社会健康转型则要求对两者的同步追求，以期社会成员能够在稳定的机制下将志愿服务变为生活的一部分。

可见，这三项重任不论是在理念层面还是实践层面，都对志愿服务发展的首要目标有着不同的强调。这使得在我国，志愿服务体现的"失灵"不仅是与"奏效"相伴的时段性结果，也是基于三项重任而必然经历的结构性结果。但这种结构性不是出于志愿部门与其他部门在理念体系上的分异，而是出于其多重的、具有内在张力的任务导向。所以，中国语境下的志愿服务"失灵"是异常复杂的，因为志愿服务的发展受到来自各方的影响，肩负了多重任务，需要同时解决很多急迫的问题：其在既有社会基础的影响下吸纳了来自其他文化的思想；其在社会快速转型的背景下力求建立可持续的、稳定的、能够正向循环的机制；其作为一项治理技术嵌入在国家治理体系当中，既要在国家的引导下开展工作，又要不断完善自身的知识体系；其还要在兼顾利他和利己、义务与自愿中，注重专业化和普及化的共同发展，协调物质和精神的双重收获，实现志愿服务的制度化和常态化。所以，急需寻找契合我国本土特色的理论工具和恰当的剖析角度，来探索让志愿服务发挥成效、走出"失灵"的道路。

第二章　大学生志愿服务概述

结合我国的实际情况来看，青年志愿者是我国志愿服务队伍的主力，而大学生又是我国青年志愿者的重要组成部分，他们在一些重大的志愿服务活动中扮演着重要的角色。本章主要对大学生志愿服务概述进行了论述，分别介绍了大学生志愿服务的历史回顾、大学生志愿服务活动与组织建设、大学生志愿服务的价值观以及大学生志愿服务的育人功能四个方面。

第一节　大学生志愿服务的历史回顾

从某种意义上来讲，我国 20 世纪 60 年代兴起的"学雷锋，做好事"可称作我国志愿活动的起点。1993 年我国团中央正式决定在全国范围内开展中国青年志愿者行动。随着我国青年志愿者行动的开展，中国青年志愿者协会于 1994 年 12 月 5 日成立，标志着我国青年志愿者活动逐渐朝着正规化、组织化的方向发展。从我国大学生志愿服务活动发展的历程上来看，我们可以将其细分为三个阶段：启动阶段、发展阶段、成熟阶段。

一、启动阶段

一般情况下，我们将 1993 年至 1994 年划为我国大学生志愿服务活动的启动阶段。"我国进入改革开放阶段以后，在学习雷锋的基础之上，在共青团组织的推动下，又增加了'讲文明、讲礼貌、讲卫生、讲秩序、讲道德'，'心灵美、语言美、行为美、环境美'，'热爱祖国、热爱社会主义、热爱中国共产党'等为主题的群众性运动。"[①] 新时代对"学雷锋，做好事"的内涵进行了丰富，在这个时期，大学生志愿服务活动主要集中学习雷锋无私奉献和敢于牺牲的精神。从整体上来看，启动阶段我国大学生志愿服务活动的项目比较单一，主要集中在一些政府组织的大型活动或赛事。

1993 年在厦门成立了厦门市青年志愿者筼筜治安分队，这是福建省第一支青年志愿者服务队，随后厦门市红十字会等社会组织纷纷效仿成立了志愿服务队伍。1993 年 12 月 19 日，共青团中央、铁道部共同组织了第一次中国青年志愿者走上千里铁路大动脉的活动，这在一定程度上标志着我国青年志愿者活动的正式启动，在我国青年志愿活动史上具有里程碑的意义和作用。在此次活动之后，共青团在全国各大高校开始组织大学生志愿服务活动，在这样的环境下，越来越多的大学生参与到志愿服务活动之中。大学生志愿服务活动类型也发生了翻天覆地的变化，从最开始的义务打扫校园卫生，到后来涉及校园生活的方方面面。此外，学校与共青团之间的联系也逐渐加强。在共青团的组织、倡导下，我国大学生志愿服务活动逐渐朝正规化、规范化的方向发展。

二、发展阶段

通常情况下，我们将 1995 年至 1998 年这段时间看作我国大学生志愿服务的发展阶段。自 1994 年团中央组建中国青年志愿协会之后，许多社会组织也纷纷成立类似的志愿服务团体，在这百花齐放的大环境下，我国青年志愿服务团体逐渐形成多元主体携手共进的发展局面。在此之后，我国高校内也成立了诸多的志愿服务组织机构，高校中的这些组织机构为推动我国大学生志愿服务发展起到了积极的作用，同时也在一定程度上提升了志愿组织和志愿者的专业性，进而形成了别具特色的高校志愿服务活动。中国青年志愿者协会作为我国第一个全国性质的志愿服务组织，它不仅具有现代志愿服务理念，同时它所组织的志愿服务活动也最多，影响也较大。从我国当前青年志愿服务组织发展情况来看，中国青年志愿者协会无论是组织建设，还是现代志愿理念的宣传在我国都处于领先位置，在它的带领下我国志愿服务事业得到了较快的发展。此外，在这个阶段的大学生志

① 梁绿琦 . 志愿服务与大学生社会主义核心价值观培育研究 [M]. 北京：中国社会科学出版社，2016：12.

愿服务已经初步完成科学化、规范化。

从某种意义上来讲，大学生志愿服务活动对大学生自身发展也有十分重要的作用，它为大学生搭建了社交平台，大学生在这个平台中可以更好地了解社会，并在参加志愿服务活动中养成积极、健康、向上的品质，同时也可以在一定程度上激发大学生自身的主体创造意识。大学生通过参加各种类型的志愿服务活动，会在潜意识中将志愿精神渗透到各个领域。

三、成熟阶段

共青团中央青年志愿者行动指导中心成立于 1998 年 8 月，其成立的主要目的是指导、协调全国的青年志愿服务工作。此外，它的成立也标志着我国大学生志愿服务活动进入成熟阶段。在这个阶段，我国青年志愿服务工作已不再是闭门造车，而是积极与世界接轨。为了将先进的志愿服务发展理念融入我国青年志愿服务工作之中，我国积极争取各种国际会议的主办权，在这样的大环境下，一些关于志愿服务的专业词汇走入我们的生活，如非政府组织、第三方职能部门等。在这些专业性词汇传播过程中，它也逐渐与我国大学生志愿服务融合在一起，从而使我国大学生志愿服务与国际接轨，这也在无形中使我国现代意义上的大学生志愿服务理念正式成立。

21 世纪之后，随着我国社会的快速发展，人们的思想理念也发生了较大的变化，越来越多的人开始参与公益事业活动，在这样的大环境下，大学生参加志愿服务活动的人数也随之增加。在这些人中，有的人是正式的志愿者，也有的是临时招募而来的志愿者。从某种意义上来讲，大学生志愿者数量的增加表明我国公益体系的建立与完善对推动我国志愿服务的发展起到了积极的作用，它可以吸引更多的人参与志愿服务事业之中。例如 2008 年汶川地震发生后，来自全国各地的数百万志愿者参与震后抢救和重建工作，在这些人中，绝大多数并非正式的志愿者，而是临时的、自发的，这在一定程度上表明志愿理念已经深入人心，并将其付诸行动。在这个时期，除了大型的抢灾救险场所可以看到志愿者，我们还可以在社会生活中的各个角落看到志愿者的身影，如北京奥运会期间，100 多万名的大学生参与到各个赛事的筹备之中，在此之后，人们对志愿服务理念有了全新的认识，它也逐渐得到人们的认可，部分外国媒体将 2008 年称为中国志愿服务的元年。在北京奥运会之后，我国志愿服务的热情彻底被点燃，在随后举办的上海世博会中，有 200 多万名大学生加入志愿者队伍。这些大型活动的开展，在极大程度上推动了我国大学生志愿服务的发展。

综上，我国大学生志愿服务发展由小变大，由弱变强，大学生志愿服务内容越加多样，形式多元化、日渐丰富，紧跟时代潮流，彰显时代脉搏。在大学生志愿服务发展过程中，其制度化、系统化、社会化、企业化等趋势逐步显现并取得喜人成就，长效机制的大学生志愿服务规模初具。

第二节　大学生志愿服务活动与组织建设

一、具有代表性的大学生志愿服务运行模式

具有代表性的大学生志愿服务运行模式主要体现为以下七类：

（一）社区化运行模式

社区（Community）这一概念得益于滕尼斯的理论贡献。在 1887 年出版的名著《共同体与社会》中，滕尼斯提出了关于社区的最早解说。按照他的看法，一切亲密的、秘密的、单纯的共同生活，均可理解为在共同体里生活，人们在共同体里与同伴一起，从出生之日起就同甘共苦、和睦相处、守望相助；共同体是持久和真正的共同生活，是一种生机勃勃的有机体。

"社区"一词于 20 世纪 30 年代被引进我国学术界，但是，在更广泛领域得到使用却是从 20 世纪 80 年代中期开始的。进入 20 世纪 90 年代后，在国家政策的引导下，社区建设逐渐开展起来。社区建设是在全能型政府失效和单位制解体的基础上开始的，社区制成为社会管理体制变革的必然选择。"自下而上发起，自上而下推广"的社区化志愿服务运行模式根植于中国的传统文化，具有较好的群众基础。自 1994 年共青团中央实施青年志愿者行动以来，这支队伍迅速发展壮大，围绕城市文明建设、推进城市公益服务活动，大学生通过这些志愿服务活动得到了充分的锻炼，开展的工作扎实、有效，达到了服务社会的目标。由于大学生志愿服务活动与社区服务有着一样的宗旨，许多地方的大学生志愿者积极参加了当地社区的扶贫济困、帮孤助残等活动。与大学生志愿者行动高度相关的社区志愿服务则是社区服务的一种。

在社区运行模式下，大学生志愿者充分利用社区资源，通过社区志愿服务平台，在社区相关部门的组织协调下开展志愿服务活动，满足了社区乃至整个社会的需要。社区化运行模式中的主要目的是组织和动员大学生志愿者在社区内为困难群众提供服务，而学校会把大学生的志愿服务实践活动转化成学分，充分调动了大学生参加志愿服务的积极性；在资金方面，形成以政府拨款为主、民间赞助为辅的经费筹措机制。另外，政府还在社区教育服务中给予适当的方法指导和理论指导。这些都是社区化志愿服务运行模式得以存在和顺利开展的重要保障。

大学生志愿服务对于社区的发展、社会的进步、和谐社会的构建都发挥着极其重要的作用，而社区又是大学生开展志愿服务活动的主要场所，它可以促进志愿服务活动更加广泛、更加深入、更加持久地发展。所以，大学生志愿服务活动与社区建设是在一种互利双赢的模式下进行的，社区为大学生志愿者开展志愿服务活动提供了重要载体，而大学生志愿者通过志愿服务活动改善了社区环境，促进了社区的进一步发展。随着社会主义市场经济体制的建立，原有的社会保障体系被打破，新的社会保障体系尚不完善，老年群体问题、城乡贫困子女教育问题、失业问题及其他困难群体的生存和发展问题日益凸显。社区化志愿服务主要从社区居民的服务需求出发，创建社区志愿者服务站，以"一助一"长期结对为基本形式，以志愿者为老服务、"金晖行动"、百万青年志愿者助残行动、中学生成人预备期志愿服务、青年志愿者"四进社区"活动、维护社会治安、筑诚行动等为重点积极开展志愿服务活动。

社区志愿服务具有凝聚、动员、参与、服务、管理和建设等多种社会功能，是促进社会建设和构建和谐社会的重要途径。社区志愿服务致力于提供各种社区服务，如开展帮助贫困家庭、提供就业指导、进行医疗保健、改造社区环境等。大学生志愿者通过志愿服务，能够拉近和社区居民的距离，在最短的时间内了解他们的各种需求和遇到的问题，从而使志愿服务活动的目标性更强。社区志愿服务不仅能够给他人、社会带来实际的帮助，更主要的是志愿者本身也能获益，他们通过志愿服务能够提高自己的专业技能，人际关系的交往范围也能扩大，能够满足心灵的愉悦，减少自身的苦恼，能够将个体存在的意义升华到与整个社会相联系的高度，体会个体在社会中的价值，认识自身努力对社会和他人的重要作用，从而使自身的思想境界得到升华，学会主动地关心他人、关心社会、关心国家，实现自我的超越。

（二）社会化运行模式

社会化运行模式就是为了使大学生志愿服务活动的实践效果更理想化，学校要尽力去整合社会资源，大力推行以社会募集、企业赞助等方式参与志愿服务，从而为大学生志愿者提供有力保障。可以通过一些节日，如植树节、感恩节、志愿服务日等开展一系列志愿服务活动；针对交通秩序的维持，招募志愿者担当"义务交警""义务城管"，参与整治城市交通。

要创造性地开展志愿服务活动，就要更新服务理念，以服务养成教育，形成自我组织、自我生存、自我发展的良性循环机制。大学生志愿服务活动并非存在于个人的私人生活领域，而是存在于互助或他助的公共领域和空间中，它体现的是一种人与人之间的社会关系。

（三）专业化运行模式

由于志愿服务活动是一项实践性较强的活动，而这种实践的源泉就是与之相关的专业知识，人们所面临的需求和困难也日益多元化，有精神上的、心理上的，还有经济上的、医学上的，这就导致人们对志愿服务的要求越来越高、越来越专业化，因此就需要志愿者本身具有一定的专业知识，即一定的学术基础，以此来达到志愿服务活动对志愿服务团队的专业性要求。

大学生志愿服务活动专业化是志愿活动运行模式发展的需要，它为志愿者活动的各个组成部分提供了正确的指导，这样才能从根本上提高志愿者服务的水平，并能够将大学生所学专业知识运用到实际服务活动的诸多方面，例如，大学生心理咨询服务队，不仅在志愿服务中能够运用，同时在日常生活中也实践了自己的专业知识；还有大学生环保志愿者服务队、大学生法律援助志愿者服务队、大学生社会公益志愿者服务队等多种专业类型的服务队伍，经过结构调整的大学生志愿服务组织，专业将更加明确，更加适应社会变化及需要，更多地参与到社会领域中，持久地发挥其作用。那么，要实现专业化的志愿服务运行模式，可以从以下三方面着手：

1.志愿服务团队专业的多元化

从奥运会志愿者和赴汶川大地震灾区的志愿者的选拔条件中就可以看到，专业技能起到了关键性的作用，因为在特定的情况下，只有具有专业知识的志愿者才能对受助对象给予有效的帮助。对技能的要求已经成为志愿服务走向有效发展之路的必然条件。

随着志愿服务质量要求的不断提高、服务形式和服务内容的不断更新，对志愿者的技能要求越来越高，这就要求志愿者掌握多种技能，如英语能力、计算机能力、语言表达能力等，不同的志愿服务活动需要不同技能的志愿者。志愿者在掌握一些通用技能的同时，也要拥有一技之长，通常在专业志愿服务过程中，一技之长发挥着重要的作用。

2.专业服务团队管理的合理化

要实现志愿服务团队管理的合理化，就是要充分发挥志愿者的专业特长，充分发挥团队的力量，建立和谐的团队关系，达到服务效果最大化。实践证明，多数的志愿服务活动都是通过团队的形式来实现的，因为只有大家的共同合作，才能使个人力量达到最大化，团队精神是决定志愿服务活动能否成功的关键因素，也是志愿者管理的重中之重。

3.专业服务团队与其他社会组织的资源共享

大学生志愿者组织的发展，离不开其他社会组织，志愿服务中的管理经验、技术专长、筹集资金等方面都需要资源共享。志愿者组织应该学会建立同盟关系，通过加强合作交流，提高志愿服务的能力。

（四）规范化运行模式

大学生志愿服务规范化运行模式主要是运用在大学生志愿服务组织管理体系较为完善的基础上，为了优化和提升大学生志愿者队伍的整体素质而采用的方式和方法，具体程序为招募、选拔和培训等。对大学生志愿服务的志愿热情和服务方式要有合法的保护，在有关法规的指导下，加强志愿者队伍建设，建立和推广相应的管理体制，如志愿者培训上岗制度、培训考核制度、管理制度、服务质量监督制度等。为了使大学生志愿服务工作更加规范化，共青团中央、中国青年志愿者协会颁布了《中国青年志愿者注册管理办法（试行）》（以下简称《办法》），《办法》的颁布标志着在全国实施志愿者注册制度。《办法》对志愿者的注册程序，基本定义，应具备的条件，志愿者的权利和义务，志愿者的招募、选拔、培训、考勤以及表彰等都做出了明确的规定，这也代表着志愿服务在社会上的认可度。

（五）网络化运行模式

志愿服务组织不是集中的统一整体，成员之间个体差异较大，这就有助于形成不同人群的价值观和社会认同感。但是这种组织的相对不稳定性，使得志愿服务组织需要有一个有效的管理机制。管理机制具体来说就是组织、评价、激励制度，而大学生又是网络人群的主体，学生的大部分信息都主要来源于网络，所以，建立一套网络化的志愿服务运行模式是最具实效性的方法之一。

其一，通过信息化的网络管理，使大学生建立起多层次、多形式的志愿服务活动，把社会需要和志愿者需要进行有机结合，有效地服务社会，达到"育人""助人"的目的。

其二，通过网络的传播及时地给予志愿者培训，加上合理地运用网络平台，对其进行规范和管理，帮助大学生志愿者通过志愿服务满足自我实现的需要，并吸引更多的人加入志愿者服务的队伍。

其三，由于大学生志愿者人数众多，为了方便管理和记录每位志愿者的基本资料和动态，就需要运用网络技术的强大功能，建立起大学生志愿者信息管理系统平台，科学、客观地记录众多大学生的志愿服务结果，有利于志愿服务长效机制的建立。

其四，网络这种及时、充分、开放式的沟通可以实现志愿者相互间的良好互动和配合，有利于志愿者交流心得体会，有利于志愿者相互鼓舞、提升心智，从而更进一步地传播志愿精神。全国各高校要充分利用网络这个平台，从大学生志愿服务的组织和管理实际出发，为大学生志愿者提供信息发布、志愿者招募、志愿者服务记录以及志愿者项目化管理等服务，从而实现志愿服务活动时效性与实效性的双赢。

（六）项目化运行模式

按照项目管理的一般理论，项目是指为创造特定产品或服务的一项有时限的任务，是强烈的以目标为导向的，具有时限、特定、渐进、明细等特征。其中，"时限"是指临时性，即每一个项目都有明确的起止时间；"特定"即独特性，是指每一个项目所形成的产品或服务具有比其他项目更新、更好的特点；"渐进"是指分步骤、持续稳定发展的过程；"明细"则意味着工作需要仔细考虑、认真地完成。

纵观世界和中国志愿服务的历史，不难发现大部分的志愿服务活动都是以项目运行的方式进行管理的，甚至有些志愿服务活动就是因为开展一些项目而建立起来的，有没有好的项目，项目是否运行顺利，在很大程度上决定了志愿服务活动的影响力。

大学生志愿服务项目运行模式是有效开展志愿服务的"润滑剂"和"助推器"，运用科学的管理可以进一步完善大学生志愿服务项目体系，提高服务质量，创新志愿服务内容和形式，提高志愿者志愿服务的能力。

大学生志愿服务采取项目化运行模式已成为志愿服务活动运作的新趋势，它能以其时限性保持志愿服务项目的及时更新，实现大学生志愿者随着志愿服务项目的更新而不断轮换，从而使更多的志愿者参与更多的志愿服务活动，满足更多的社会需求。以项目运行的方式开展志愿服务是一种普遍的服务方式，其服务领域不断扩大，影响力也越来越大。大学生志愿服务的项目化运行模式，一般包括志愿服务立项、招募、选拔、培训、激励、物质保障等过程，其特点在于对每一个环节都可以制定具体的执行标准，进行量化评估，从而细化项目责任和分工，提高志愿服务效率，增强志愿服务的科学性。

（七）基地化运行模式

大学生志愿服务活动基地化运行模式是对志愿服务活动的创新和升级，以实现志愿服务组织的迅猛发展，进一步拓宽志愿服务的活动范围，优化配置，实现志愿服务统一化、规模化发展。高校要着眼于大学生志愿服务事业的持久性发展，加大志愿服务基地建设投入，加强与相关组织的合作配合，进一步深化大学生志愿服务活动。基地化运行模式实现了志愿服务由静态到动态的转变，整合了有效资源，提高了机构配置，增强了实用性，增大了社会效益的目标。作为人才输出基地，高校肩负着学生专业知识和技能的重任，同时也肩负着感恩教育的职责，而志愿服务基地化运行模式正是高校志愿者培养、管理的高效模式。大学生志愿者运用基地化运行模式开展志愿服务活动，有助于大学生志愿精神的培养、志愿意识的养成和个人素质的提高。

大学生志愿服务活动形成基地化运行模式，可以使志愿者在相对固定的活动场所开展服务，比如大学生的"三下乡"活动，利用相对稳定的地方，志愿者可以发挥传承的作用，发挥积极的影响，并且可以为形成志愿服务团队夯实基础，从而激发更多的大学生志愿者到基层去，到祖国需要的地方建功立业，为社会做出应有的贡献，为志愿服务事业贡献自己的一份力量。

二、大学生志愿者组织建设

（一）大学生志愿者组织的基本知识

1.大学生志愿者组织的时代特征

近年来，在很多场合都可以看到大学生志愿者的身影，他们穿梭于各个大型活动现场、抗震救灾的前沿阵地和后方补给阵地，此外，在城市建设行列中也能看到他们的身影，换句话来讲，大学生志愿者已经进入人们生活的各个角落。从根本上来讲，大学生志愿者组织是我国志愿者组织的重要组成部分，同时也是我国志愿者组织的重要力量。从大学生志愿者组织的概念角度来讲，它不仅具有志愿者组织的一般特征，同时也具有其自身鲜明的特征，具体如下：

第一，强调自愿，参与广泛。开展高校志愿者行动的主要目的是激发大学生内心行为，其成员招募是以公平、公开为基础，这在极大程度上尊重了大学生平等参与的意识。此外，大学生志愿者行动与青年的需求十分吻合，同时其开展也是建立在广泛的群众基础上，此外大学生志愿行动的开展不受时间、空间的限制，还会以学校为中心形成辐射效应，从而不断扩大参与范围。

第二，活跃思想，力求创新。从某种意义上来讲，高校志愿者行动是一种社会实践活动，在整个活动过程中，不仅为社会提供了无偿的服务，促进社会发展，同时也具有深刻的思想教育意义，让大学生在活动中树立了正确的人生观和价值观，此外也弘扬了我国扶贫救难的传统美德，在一定程度上提升了大学生的社会责任感和正义感，为其以后的发展打下了坚实的基础。大学生在参加高校志愿者行动时，能够接受很多新鲜事物和新思想，这有助于促进他们积极思考，并提升自身的创新能力。

第三，新旧交替，运行持续。众所周知，大学生新旧交替的周期较短，为此在开展高校青年志愿活动时，要丰富活动开展的途径和形式，同时还要完善校内大学生志愿者组织，打造一支稳定的、高素质的队伍，以此来加强高校青年志愿活动相关机制的建设，并促进其稳定、持久运行。

第四，突出公益，时代特征鲜明。现阶段我国大学生志愿者组织涉及很多的服务内容，同时志愿服务的组织形式也呈多样化特点。但是大学生志愿者服务活动都将获得一定的社会公益作为服务的价值取向，为此大学生志愿者组织具有鲜明的社会公益性。此外，大学生志愿者组织可以适应当前的社会需求，为此大学生志愿者组织开展的志愿服务活动便具有了时代性特征，而这也是它可以吸引越来越多大学生参与其中的重要原因之一。

2.大学生志愿者组织的功能体现

随着我国大学生志愿者组织的快速发展，其在社会中的作用也愈发明显，从具体上来讲，其作用主要体现在以下五个方面：

第一，服务社会的功能。站在我国文化角度上来讲，志愿精神相当于奉献、友爱、互助、进步的人文精神。如果一个社会丢失了对人类关怀的人文精神，又缺乏对社会批判力量的包容，同时也丧失了对物质之外精神的追求，那么这个社会不可能成为现代化的社会。当前大学生志愿者服务内容十分广泛，从整体上来讲，其服务内容主要集中为服务社会、奉献社会，这在无形中使大学生志愿服务内容具有一定的社会服务功能，如社区服务、医疗救助服务、教育下乡服务、普法宣传等等。此外，大学生志愿组织服务也可以在一定程度上降低社会公益活动所带来的财政压力，进而节约成本。

第二，促进经济发展功能。大部分的志愿者组织都将推动社会经济发展作为其服务的重要功能之一，这一点在大学生志愿者组织的服务内容中表现得尤为明显，如在各个大型的赛会、国际会议上的志愿服务，又如2019年北京世界园艺博览会上的志愿服务，这些志愿服务都在一定程度上推动了经济的发展，而志愿者组织提供的类似志愿服务还有很多，如2008年北京奥运会上的志愿服务等。

第三，沟通与协调功能。近年来，我国社会经济的快速发展，城乡之间、城市之间以及乡村之间的人口流动加快，这在一定程度上减少了人与人之间的联系，为此人们渴望人与人之间的互助，以此缓解内心的孤寂，而大学生志愿者组织就可以为人们提供这样的志愿服务，可以毫不夸张地说，大学生志愿者组织为维持社会稳定和谐做出了巨大的贡献。

第四，育人功能。大学生志愿组织与其他志愿组织有所不同，它具有一定的育人功能，这也是其特性之一。如果我们将沟通、协调看作大学生志愿者组织的对外功能，那么育人功能便是其对内功能。大学生在志愿者组织平台上可以获得较好的历练，同时也可以开阔自身的眼界。此外，大学生志愿者组织中的主流价值教育资源也是高校开展大学生思想政治教育的重要资源。

第五，整合资源功能。大学生志愿者组织在开展志愿服务活动时，往往依托的是高校的资源，同时还依赖于组织成员较高的知识水平。从某种意义上来讲，大学生志愿者组织可以为政府或市场提供大量的技术、管理人才，这主要是由于大学生志愿者招募范围十分广泛，为此它可以吸引各个领域的人才加入其中，这是政府和市场所不具备的优势。

（二）中国大学志愿者的组织形式案例

自改革开放之后，我国社会经济得到了较快的发展，现阶段我国正处于社会机构大变革的时期。在这个环境下，我国高校志愿服务事业也结合我国的国情做出了相应的变革，并由启动阶段的活动形态转变为服务事业型形态，同时高校志愿服务事业所涉及的领域也得到较大延伸。

1.中国人民大学

（1）明确而有效率的组织结构

中国人民大学的志愿活动是由学校团委志愿工作部领导的，而具体的志愿活动则由志愿者组织统筹规划，其中主要有中国人民大学校青年志愿者协会，此外还有各个院系的青年志愿者协会。其中校青年志愿者协会成立于1995年12月5日，该协会直接受中国人民大学校团委领导。其主要职责是统筹全校的志愿服务活动，而中国人民大学各个院系下的青年志愿协会则是受各个院系团委的直接领导，它们共同构成了中国人民大学青年志愿者协会的基层行动组织。

校青年志愿者协会设会长1名，副会长若干，在校团委志愿者工作部的指导下开展工作。协会内部设立综合协调部、研究发展部、招募培训部、公共关系部、宣传信息部等5个职能部门。同时，校青年志愿者协会还设立奥运项目管理部、教育项目管理部、红十字项目管理部、环保项目管理部、青春健康项目管理部、咨询辅导项目管理部、救防项目管理部、"协青"项目管理部、扶贫项目管理部等9个项目管理部，负责全校9个领域内志愿服务项目大学生志愿服务长效机制建设研究的日常管理和监督工作。各院系青年志愿者协会也基本按照此组织模式运作。

但是，从2009年4月公布的《中国人民大学青年志愿者协会第十五届部长名单》上看，协会内部对上述组织结构进行了微调，在5个职能部门中，综合协调部、宣传信息部和公共关系部没有变动，但是研究发展部和招募培训部被项目监理部与网络运营部所取代。在原有的 9 个项目管理部中，去掉了救防项目管理部、"协青"项目管理部和扶贫项目管理部，增加了社区服务项目管理部、事业启航项目管理部和文化助残项目管理部。

从这些调整中可以看出，中国人民大学的志愿者协会是以项目为中心的管理模式，组织内部也以项目设部，这样更便于管理。志愿者组织需要为志愿者搭建实践的平台，为其提供社会锻炼的机会，从而使追求人生价值的志愿者的服务愿望得以实现。在管理方式上，项目就是整个组织的发展核心，拥有好的服务项目，建设好完善的志愿服务网络，是志愿者事业持续发展的保证。

（2）逐步完善的招募培训及激励机制

中国人民大学现有的学生组织中，青年志愿者协会是其最大的组织，而且其内部流动也很快。这么大的组织在运作过程中，无论是招募、培训还是对其成员的监督和激励机制，都是必不可少的。没有一套严格的流程，组织运作就会出现困难。

至于激励机制，学校每年都有骨干志愿者的评选，主要是针对校青年志愿者协会会长、副会长，各部部长、副部长和各院系青年志愿者协会会长、副会长。骨干志愿者的选拔，主要考查其个人综合素质和志愿服务经历，且选拔过程是公开的，其中协会会长和副会长可以在任何院系的志愿者中产生。

成为骨干志愿者需要具备的条件有：一是注册成为中国人民大学志愿者时间达到 8 个月以上；二是曾经全程参与不少于两个志愿服务项目；三是在参与志愿服务过程中表现良好，具有一定的表达能力和组织能力。同时，还设立志愿服务专项奖学金，奖励长期参与志愿服务或对志愿服务工作做出重要贡献的学生。校团委每年组织评选在志愿服务过程中表现突出的 10 名志愿者，授予"中国人民大学十大杰出志愿者"称号。表现特别突出的，学校推荐其申报各级政府、相关组织设立的志愿服务个人奖项。除此之外，校团委每年组织评选服务机制健全、活动富有特色、工作确有成效的 10 个项目，授予"中国人民大学十大杰出项目"称号，并对项目所属志愿者组织、项目负责人进行奖励。

2.复旦大学

（1）组织结构

目前复旦大学的大学生志愿者组织的结构与军队的建制搭建基本相似，共分为三个层次。

第一个层次为基础层次。复旦大学基础层次的大学生志愿组织是"薪火志愿者协会"，它主要由复旦大学的学生组成，此外该协会的会员身份具有高度的相似性，他们大部分都是刚刚入学的新生，类似军队中的新兵连。这部分大学生具有强烈的好奇心，这也导致他们具有较高的学习热情。薪火志愿者协会成立的目的就是为了让刚刚进入复旦大学的新生成为志愿者，从而让他们对志愿服务有一个全面的认识。薪火志愿者协会对成员的要求较多，它不仅要求每个成员在规定的时间内参与基本的培训，同时还要求成员组织各种类型的志愿服务课题讲座，为他们日后参加更多的志愿服务打下坚实的基础。

第二个层次为院系志愿者分队，它主要建立在先前各个院系志愿者服务队的基础之上，共计 32 个院系志愿者分队，我们可以将其看作部队中的常规部队。院系志愿者分队采用的是直线式的内部管理结构方式，相比初次分队中的人员分工较为清晰。之所以采用直线式的管理方式，也是出于优化管理的目的，毕竟每个院系中的大学生志愿者的人数并不是很多，借助这样的管理方式可以优化管理工作，同时也便于统一指挥。

第三个层次的志愿者协会是以服务内容为划分依据的志愿者服务队，它也可以和第二个层次组合成为矩阵型组织结构。目前共有 16 个志愿者分会。这样的优点在于将整个复旦大学学生志愿者总会纵向联系和横向联系很好地结合起来，具有较强的机动性，这些协会相比于院系的志愿者服务队来说，能够根据特定的需要和环境的活动变化，保持高度民主的适应性。很多大型的国际赛会志愿者服务往往就采用这类分会的项目制运作，有大量的志愿者。

这三个层次的志愿者协会（队）组成了复旦大学学生志愿者总会的全部。

（2）运作方式

复旦大学学生志愿者总会采取了社团化管理运作模式来管理。总体来说，每个志愿者协会以一般社团的注册方式到总会申请注册登记，审批合格以后，正式成立社团，可以开始正常的志愿服务活动。资金的问题有三个解决渠道，由协会自行解决一部分、院系支持一部分和学校团委支持一部分。

复旦大学学生志愿者总会的招募也是按照组织结构的三个层次进行的，总体上可以说是运用自主报名和组织动员相结合的方式。

第一个层次的薪火志愿者协会完全是自动加入式，即一旦学生成为复旦大学的一员，就自动成为薪火志愿者协会的会员，在为期一年的学习过程中，至少参与一次志愿服务基本技能培训和一次志愿服务。由于是成建制地加入整个协会，所以在运作中，可操作性很强。

第二个层次的院系志愿者服务队完全采取自愿报名的形式加入，学有余力并愿意加入的学生可以自行报名参加院系的志愿服务活动。

第三个层次的协会则需要积极招募，定期在总会为其搭建的路演平台上展示其协会特点，说明其服务内容，以吸引到不同院系专业的学生加入。

对于所有的基层组织来说注册都是一样的，招募到自己的会员以后，把他们的基本信息登记备案，在总会需要的时候送交总会完成注册工作。

目前，复旦大学学生志愿者总会将11月定为复旦大学志愿者节，鼓励各下属协会积极进行各具特色的志愿服务。在志愿者节期间，评选一次优秀志愿者组织和优秀志愿者个人予以激励。

3.中国矿业大学

中国矿业大学志愿者组织为"校团委青年志愿者工作部—矿大青年志愿者服务总队—各系青年志愿者服务分队—基层志愿者服务小组"的四级组织体系，形成了"宏观调控—直接管理—微观具体实施"的管理模式。

这种组织体系可以克服由于人员的流动、成员与组织间的松散性带来的不便，更加充分、合理、有效地利用大学生志愿者资源。

（三）大学生志愿者组织建设的创新模式构建

1.建立健全高校志愿服务项目化管理制度

想要最大程度地提升大学生参与志愿服务的积极性，高校不仅要完善志愿者组织管理体系，还要优化志愿服务项目管理体系，争取将大学生志愿服务打造成一个品牌项目，从而吸引越来越多的大学生参加志愿服务活动，构建完整的志愿服务管理体系。建立切实可行的项目开发运作体系，要着力做好以下工作：

（1）顺应时代要求，创新项目

首先，如果想要实现高校志愿服务迈向更高的台阶，需要遵循科学的发展原则，即"需求＋可能"的原则，同时也要严格遵循"有所为，有所不为"的理念，在此基础上还要顺应时代发展的潮流，创新高校志愿服务项目，同时这些项目还要与大学生的能力相匹配。

其次，完善高校志愿服务项目运作机制，从具体上来讲可以从以下三个方面进行：①项目设置。在制定志愿者服务活动项目时，务必要结合志愿者服务的特点，从而设计独具特色的青年志愿服务机制。②项目管理。如果想要提升项目活动的质量，从而使其达到预期的效果，就需要加强对项目的管理，如建立完善的活动文档，以此来反映活动项目的全过程，为以后开展此类型的项目活动提供参考。③项目评价。建立可行的项目评价体系，选好评价结合点，针对所实施的内容进行考核并及时通报出现的问题，提出解决办法，制定实施方案。

（2）确定服务重点和领域，推进科学化管理

在立足校园的基础上，根据经济和社会发展的战略目标，确定服务重点和领域，注重招募和调配志愿者的合理性，充分体现社会需求多元化对高校志愿者层次性的要求。通过具有高科技含量的服务，形成良好的示范和引导，更好地调节志愿者资源，使其具备现实型、管理型、创新型、社会型、研究型等人格特征的志愿者向社会的不同阶层提供有效、便捷的服务。如高校志愿者与社区、敬老院、孤儿院、西部计划、援藏、心理咨询等服务单位和服务对象相对接，开展长期相对稳定的、深得民心的活动，让志愿服务的对象能接受到长期的帮助，使青年志愿者活动更加具有社会影响力。

（3）展现自身优势，打造品牌项目

高校的志愿者工作不仅要加强项目开发运作机制建设，还应该充分利用高校组织动员能力和青年学生文化素质较高的优势，定期开展一些特色项目，发掘并树立品牌项目，最终实现有点有面、点面结合的工作格局。高校志愿者只有不停地去发现社会需求、开发对接项目，志愿服务才有活力。对服务的对象要有一个近期目标和远期目标，通过几个周期的服务，为大学生志愿服务长效机制建设研究出经济效益和社会效益，使志愿服务的价值替代作用得到充分彰显。跨地区、省、市的高校志愿项目可采取对口支援模式，实现人力资源的优化配置和互动。尤其在做维护和保障困难群体项目时，更加要实现项目对接。例如，针对孤寡老人、残疾人、下岗职工、特困学生、希望工程、西部项目等，建立长期稳定的、开发式的关系。改善弱势群体的生存权和发展权，弥补政府和社会对困难群体专业服务不足的问题，体现志愿者"有为才有位"的特点，从而创出自己的品牌，

使志愿者服务成为和谐社会的一张品牌性、精品性的"名片"。

（4）总结经验，提高志愿服务工作能力

首先，保证志愿服务项目的质量是关键。建立完善的项目登记管理制度，严格控制项目申报程序，要求申请组织提交齐全的申报材料，包括详细的活动计划、清晰的可行性分析、完善的安全预案等，从而保证项目的顺利开展。其次，精心指导项目运作，在项目开展过程中进行不定期考察，考察的内容包括项目的进度、经费使用情况及服务对象的反馈等。对于大型或长期项目，可安排工作人员参与整个活动，以便更好地对活动进行指导和监督。最后，项目结束时，及时认真开展项目评估，总结经验。

2.创新大学生志愿者组织的管理模式

高校志愿服务的可持续发展，关键在于科学有效的管理和运行机制，实现制度化。所谓制度化，就是使其具有规范特征，使志愿服务在行动安排、服务提供、效果评估方面有某种程度的制度可循，这些制度基本上完全是为了更有效地安排、协调和实施服务，而不是出于管理的目的。

（1）建立健全完善的志愿者招募制度

大学生参与志愿活动的渠道单一，主要是通过学校或者校内社团来组织，而对于社会上的公益组织却涉及不多。首先，要按需招募。扩大志愿组织的招募范围，从低年级到高年级，从党员到普通学生，优化志愿者人员结构，壮大志愿者队伍的力量。其次，加强宣传和教育，解决学生认识层面的问题。要坚持把志愿服务作为学校育人的重要环节，大力弘扬志愿服务的精神，通过正确的宣传，引导学生理解并积极参加志愿服务活动。最后，拓宽招募渠道。组织开展同伴教育、举办招募说明会、报告会、演出会，接受志愿者的咨询和申请，以此建立规模宏大、领域广泛、相对稳定的大学生志愿者队伍，促进高校志愿服务事业的蓬勃发展，形成开放式的组织工作格局，构建"想申请者尽申请，能参与者尽参与"的良好社会局面。

（2）建立健全系统的志愿者注册、认证和考评制度

通过建立大学生志愿者注册登记制度、志愿服务认证制度以及志愿服务的考评体系，完善志愿者组织的管理制度，规范管理和有效及时地组织志愿者参加服务。我国必须形成统一的志愿者注册制度，建立动态的志愿者资源数据库，使学

校内的注册制度与社会上的注册制度保持一致。可以使注册管理系统化，注册志愿者无论在何时何地都能够享有相应的权利和履行应尽的义务。这样既保障了支持志愿服务资源的供给，又促进了志愿服务的蓬勃发展。

（3）完善志愿者的培训制度

根据服务工作的要求，将讲座形式的授课和丰富的实践活动相结合，对青年志愿者进行科学的专业化培训，提高青年志愿者的社会实践能力和服务水平。同时，也要加强青年志愿者骨干的培训力度，全面提高青年志愿者骨干素质，举办青年志愿者骨干培训班。青年志愿者的培训一般分为三个阶段：岗前培训、集中培训和专业培训。

首先，要严格培训制度。鉴于培训工作的重要意义，有必要出台关于志愿者培训工作的专项规定。对青年志愿者的培训经历应建立专门的档案，各类培训的时间应有明确的要求，培训情况要作为志愿者考核的重要依据。

其次，要完善培训内容。为确保全国志愿服务的统一性和规范化，有必要由团中央、中国青年志愿者协会牵头编订志愿者培训教材，主要内容应包括以下三个方面：一是志愿服务理念的培训，二是志愿者权利义务及纪律方面的培训，三是志愿服务基本技能的培训。

最后，要创新培训方式。对青年志愿者的培训不同于对政府机构和经济组织员工的培训，要注意采取灵活多样的形式，尽量做到生动活泼，使志愿者便于理解、乐于接受。要避免视培训为任务的倾向，努力使培训成为青年志愿者融入组织、寻找归属感和培养团队精神的过程。

（4）建立健全高效科学的激励和约束制度

大学生志愿服务由于其与生俱来的付出服务性质，所以其最大的收益在于精神享受而不是物质所得。为了大学生志愿服务的进一步普及、调动青年志愿者服务的积极性，可以尝试进行一些实质性奖励，如将志愿服务的奖惩情况记入档案，作为就业应聘时的参考指标，并给予这种参考一定的分量。当然，这种激励机制的最后成效取决于大学生志愿服务对社会贡献的反响以及其得到社会普遍认可的程度。因此，这也就要求大学生志愿服务更具规模、更重实效，不但从形式上，而且从内容和效率上对社会做出广泛的贡献。新闻媒体应注意挖掘宣传志愿者的感人事迹，弘扬志愿精神和理念，营造良好的舆论氛围，引导更多的社会成员加入志愿者行列。

（5）建立高校志愿服务发展基金

服务事业的发展，必须筹集、建立并管理一个足以支持高校志愿组织运作的基金会。大学生志愿者服务的性质决定了其自身并没有收入来源，然而大学生志愿者组织自身的运作及服务活动需要一定的资金支持。大学生志愿者组织大多没有明显的资金来源，所以只能维持组织日常生存，至于有效推广和开展大范围的志愿工作，几乎没有力量。靠求人施舍维持组织的日常运转，向一些企业机构求助得来微薄的资金搞公益活动，极大地损害了大学生志愿者的积极性和热情。

要尊重人性，承认志愿者工作是有偿的服务，只不过这种有偿性是通过未来补偿、延期付款、精神需求等方式来支付的。只有在尊重人性的基础上，有效地开展市场化的运作，吸引资本进入，并使资本进入后有利可图，包括人力资本。从国外大学生志愿者组织的运作情况看，很多致力于各种慈善事业的个人和团体都给大学生志愿者组织提供一定的捐赠，同时政府也会提供一定的经济支持。另外，可以采用部分市场化的手段运作，吸引资本进入，以解决目前大学生志愿者组织资金匮乏的问题。这样才能持续不断地吸引更多的资本进入大学生志愿者组织中来，放大资本逐利效应。

（6）要积极创造条件，搭建大学生志愿服务平台

高校是志愿者工作的重要载体，重视志愿服务活动，培育志愿者队伍是学校教育的责任。高校要把大学生志愿者行动放在整体办学方向和培养目标的大背景下来认识，真正把大学生志愿者行动作为高校人才培养的有效途径。

学校为大学生提供活动机会比单纯地要求建立大学生志愿服务长效机制更为重要。而大学生志愿者的服务意识和服务能力很难一步到位。因此，高校应该分阶段、有步骤地加强对大学生的教育，可以通过开设一些志愿服务课程选修，将志愿者活动的学习纳入教学内容，走与教育教学改革相结合的路子，使大学生成长、成才与就业挂钩。现在许多高校实施了青年志愿者素质拓展活动项目，将志愿者活动、大学生素质拓展与时代步伐紧紧地联系在一起，有利于推广志愿者精神，创建时代性的志愿者活动。

3.创建校园志愿者和大学生志愿者的晋级模式

高校志愿服务的根本相似点是具有"奉献、友爱、互助、进步"的志愿精神，这也是大学生志愿者群体的纽带。尽管其根本利益一致，但还是需要一定的形式

将其团结起来，才能从根本上达到"集体力量大"的效果。因此，组织形式对大学生志愿者服务至关重要。组织形式通俗地讲就是大学生志愿者以什么方式凝聚到一起，形成一定的群体、团队乃至组织。

（1）自上而下正式组织推动模式

例如，共青团中央在全国范围内组织的大学生志愿服务西部计划，各高校在共青团中央、教育部等组织的号召下开展的暑期"三下乡"活动等。该模式由于是上层号召、动员、高度组织化，并有一定的经费等作为保障，所以发展迅速，并从根本上保证了高校志愿服务的高效用。

（2）自下而上的草根组织模式

随着当代大学生的主体意识、参与意识的逐步增强，加上高校志愿服务的社会化发展，所以伴随着自上而下的正式组织推动模式稍晚发展的是自下而上的草根组织模式。

（3）校园志愿者和大学生志愿者的晋级模式

随着大学生参与热情的高涨，要规范志愿者的服务行为并提高其服务水平，通常可以创建校园志愿者和大学生志愿者的晋级模式，具体实施为：在校先对志愿者进行遴选，然后进行专业的志愿服务培训，考核完毕后选为"校园志愿者"，然后这些被选为"校园志愿者"的学生，在学校参加志愿服务活动，并要参加志愿服务学习的期末考核机制设置，这是由专业的教师和机构督导以及课程中的"种子学生"组成评审团队，服务学习的学生各自组成不同的团队独立完成一项志愿服务或活动，亲自参与从联络、组织、设计到提供服务、最后评估整个过程，还要完成相应的服务反思报告，评审团对于各个小组的活动过程、活动展示、活动反思进行综合评价而最终完成的。

这是对学生们关于服务技巧、服务意识等的整体检验，志愿者们将课程和实践中学到的技能和技巧运用到期末的自选项目中，充分发挥个人的主观能动性和团队的协作来共同完成项目考核。从项目的选择、设计、组织、进行、评估的整个过程的进行和实践中，来考核和评估学生对于志愿服务态度、意识和技巧的掌握，对此进行评估。最后由评审组评选出的大学生志愿者，可以有机会参加校内外各种志愿服务项目活动，并对其进行定期跟踪量化考核。

4.构建大学生志愿者的团队式组建模式

高校志愿者服务组织目标应该是立体多维的，既要反映志愿者个体的需要，又要符合学校的办学规律，还必须适应社会的需求。因此，要做好以下两项工作：

（1）建立健全党团指导下的大学生志愿者服务工作体系

大学生志愿组织应当树立组织主体观念，在学校的领导下制定一套规范的领导组织体系，必须坚持高校共青团领导与团支部的管理，共青团是志愿团队的领导和组织机构，校团组织要有专人监督这项工作，定期听取社团负责人关于工作进展情况的汇报。建立校团委下设校级的青年志愿者服务团，校党团组织起指导作用，下设院系级的管理站，由院系团总支领导担任指导教师。

（2）在专家指导下参与或承接项目

第一，项目的参与或承接可以解决志愿服务的经费短缺问题，又可以通过优秀的项目来吸引优秀人才，发挥志愿者的潜能，给予他们想要的荣誉感和成就感。项目的参与或承接有利于扩大志愿者团队的影响，推出品牌，形成良性循环，促进志愿服务工作的进一步发展。经过上述的前期工作之后，接下来就要对经过培训的志愿者进行优化组合：首先以校为单位，将校志愿者服务团下设5个部（办公室、宣传部、公关部、培训服务部、认证考评部）和6个队（爱心使者服务队、助学教育服务队、宣传讲解服务队、绿色环保服务队，法律援助服务队、赛事志愿者事务中心），再将志愿者按照不同的专业划分为每9个人一队的服务小组，并且将培训选拔出的每名优秀基层团干部按专业与划分完的小组再组成"十人志愿服务小组"，这样就可以根据服务的不同规模，决定选几组相关专业的服务团队合适，以作为上述各服务队的备选资源。这种组织模式运作起来基本可以实现加强思想指导、细化职能分工、提高专业水平、强化服务功能、减少资源浪费的变革目标，组织效能会得到很大提高。

第二，加强大学生志愿团队与民间志愿服务组织的联系合作。社会上独立的、具有职业性质的非营利组织将是志愿者活动赖以持久发展的重要组织基地。他们经验丰富、资金充足、信息畅通，可以为高校志愿团队的活动开展提供各方面的支持。同时，与民间志愿服务组织进行合作沟通，有助于大学生志愿者走出校园，更多地去接触社会、了解社会，更好地锻炼自己，并得以成长。

第三节　大学生志愿服务的价值观

一、大学生志愿服务价值观的界定

从内容上来讲，其就是社会主义核心价值观的"三个倡导"与大学生志愿服务活动有针对性结合的部分内容，带有大学生志愿服务活动的鲜明特征。具体呈现为与大学生志愿服务高度契合的"爱国价值观、友善价值观、和谐价值观、文明价值观和公正价值观"。

从本质上来讲，其是社会主义核心价值观在大学生志愿服务领域的生动体现，和西方所谓的多元化价值观有着本质的区别。西方所谓的志愿服务与志愿服务相关的价值观，自诩倡导无私、奉献、仁爱、和善。但是，纵观西方志愿服务的发展进程和具体表现可以清晰发现，他们所倡导的价值观念，要么是为了寻求心灵寄托，要么是为了宗教信仰，甚至是为了"今生行善，死后升天"。无论哪种目的，都不是纯粹的"志愿"，不是绝对的"奉献"，都带有强烈的私人目的性或宗教寄托性。而我国志愿服务中倡导的价值理念和志愿精神，是真正的无私，彻底的奉献，没有任何狭隘的目的性和偏颇的指向性，只有真正的志愿服务和彻底的奉献精神。在我国，两者具有高度的统一性，既深耕于中华民族传统文化之中，又烙上了中国特色的时代印记，和西方所谓的价值观有着本质的区别。

从范围上讲，其培育不仅体现在志愿服务活动的具体过程中，也不局限于大学生志愿者群体，而是从整个志愿服务领域出发。大学生志愿服务活动贯穿于志愿服务启蒙、开展、深化、常态化等各个环节。大学生志愿服务中价值观培育更是要面对整个大学生群体。因为每个大学生都是潜在的志愿者，只有拓宽培育范围，才能实现培育目标。

从功能上讲，大学生志愿服务中的价值观培育，不仅有利于大学生志愿服务活动科学性、有序性、时代化的发展，又有利于实现社会主义核心价值观贯穿大学生志愿服务全过程，实现社会主义核心价值观在大学生群体中内化于心，外化于行，真正使得大学生群体在实践中感悟，在感悟中认知，在动态中认同，最终实现其对社会主义核心价值观的外在认知，内在认同。

二、大学生志愿服务中价值观的具体内容

（一）爱国价值观

社会主义核心价值观中的爱国具体到大学生志愿服务中就表现得更加生动与具体，它既是对民族精神的继承与发扬、对中华文化的认同与创新，又是对爱国情感的激发与深化，更是对中国梦的身体力行。

首先，大学生志愿服务中的爱国是对国家大事的关心以及对祖国的深厚情感。比如 2008 年北京奥运会的大学生志愿者共有 5.8 万余人，占志愿者总数的近80%。汶川地震发生后，中南大学的 1 万多名在校大学生向学校提交申请，请求到一线去支援灾区志愿队，全校 350 名国防生联名向军区请战，强烈要求投入抗震救灾战斗中。山东大学的在校生在得知赴四川抗震救灾青年医疗卫生志愿者开始报名的消息后，短短半个小时内，报名人数就超过了 100 人。大学生群体正是怀揣对祖国的满腔热忱，才会积极投身志愿服务活动，爱国价值观是大学生开展志愿服务活动的出发点和前提。

其次，大学生志愿服务中的爱国具体表现为一种坚定和持久的爱国认知、态度和行为的统一，是基于个人与国家关系理性考量基础上的一种敢于担当的责任。截至 2013 年，大学生志愿服务西部计划共选派 11 批共 9 万余名高校毕业生到中西部 22 个省（区、市）及新疆生产建设兵团共 2100 多个县，开展教育、卫生、农技、扶贫等志愿服务。从 2006 年开始，国家"三支一扶"计划每年向高校招募 2 万名大学毕业生到乡镇从事为期 2~3 年的支农、支教、支医和扶贫工作。大学生志愿者以胸怀"天下为己任"的社会责任感，将自己的行动和祖国的前途命运紧密结合，将自己的人生规划与祖国的需要紧密结合，献身于祖国的现代化建设。努力践行着自己爱国、报国、建国的远大志向。

最后，大学生志愿服务中的爱国具体体现为对国家的制度、理论和大政方针的认可、认同和践行。大学生参加志愿服务活动，是践行社会主义核心价值观的有效形式。大学生在志愿服务过程中，不断用社会主义核心价值观调整自己志愿服务活动的方向和行为，保证志愿服务活动的科学性。特别是十九大以来，大学生志愿者利用自己的专业优势和年龄特点，开展"宣传弘扬十九大精神"进基层服务活动，将最新的中央精神通过不同的方式进行宣传，让党和国家的大政方针

落地生根，增强社会对十九大精神的理解和认同程度。

大学生志愿服务是社会主义核心价值观之爱国的具体体现，是当代大学生心怀赤子之心奉献国家的身体力行。只有心系中国情，才能践行中国梦，大学生才会通过实际行动去奉献国家、去关爱同胞、去弘扬中国文化和中国精神。大学生通过志愿服务，更能切身体会到国家的力量、人民的爱心、文化的魅力。因此，爱国价值观是大学生志愿服务中价值观培育的重要内容。

（二）友善价值观

友善可以理解为友好善良，它主要是对人际关系的道德价值要求。社会主义核心价值观的友善内涵丰富，意蕴无穷。首先要有仁爱之心，心存善念；其次要与人为善，在人与人之间的相处过程中要做到平等、诚实、宽厚；再次指主体间的互助，具体到现实的公共生活中表现为扶危济困、无私奉献、助人为乐；最后指生态友善，即要求我们不仅要热爱自然、节约自然资源，更要积极地保护自然生态。

首先，社会主义核心价值观中的友善在大学生志愿服务中集中体现为关爱，这种关爱主要是指对身边人的爱心与帮助、对其他人的关心与爱，这也是社会主义核心价值观中友善价值观较高层次的价值诉求。与此同时，大学生志愿服务是建立在善良与仁爱的基础上，并体现于志愿服务主体的具体行为中，是社会主义核心价值观倡导的仁爱思想的具体体现。如浙江大学开展大学生关爱空巢老人卫生下乡志愿服务活动，为社区老人测量血压、体检、理发等；赣州江西理工大学信息学院开展暑期关爱留守儿童志愿服务活动，为当地百余名留守儿童开展国学课堂，举办花样剪纸班、书法班等活动。其次，大学生志愿服务行为，是协调人际关系、解决人际矛盾的重要手段，其本身的行为性质就是与人为善的具体体现，大学生在参与志愿服务过程中，表现出的平等、仁厚，恰恰与社会主义核心价值观倡导的与人为善原则具有内在同一性。因此，大学生志愿服务中的友善是道德主体基于善良之心的主动与热情，是在自身能力范围内无私的道德义务行为。再次，大学生志愿服务中的友善是"我为人人、人人为我"的互助，这种互助建立在感恩与回报的基础之上。我们每一个人生活在社会上并不是孤立的存在，而是与生活在同一片天空下的其他人之间的共存。每个人的生活都依赖于他人的辛苦工作与创造，而每个人的付出又是对他人的一份回报。如由三亚市天涯区团委和天涯海角旅游景区联合主办的"服务天涯，回馈社会"贫困学子感恩答谢大学生志愿服务活动，参加志愿服务的大学生都是受助学子，他们用自己的实际行动表达了自己的感恩之心，这与社会主义核心价值观倡导的主体间的互助是不谋而合的。最后，大学生志愿服务范围广泛，既包括人与人、人与社会的志愿服务活动，也覆盖人与自然的志愿服务活动，大学生开展的相关志愿服务的具体活动，本身就是践行生态友善的具体表现。

大学生志愿服务活动本身的内在属性、倡导的价值准则与社会主义核心价值观中的友善具有内在一致性。在志愿服务中，大学生心怀善念，克己利人，通过实际行动实现人际关系的友好良善。在这个过程中，友善既是大学生实现协调合作的基础，更是促进社会和谐人际关系的有效方式。友善价值观是对社会主义核心价值观在大学生志愿服务领域最生动的诠释。

（三）和谐价值观

社会主义核心价值观中的和谐价值观，在大学生志愿服务中具体表现为无论是对自然、对社会还是对自己或对他人都是建立在尊重和责任意识上的共生、共融与共享。首先，大学生志愿服务中的和谐体现着人与自然共生的和谐理念，其是对马克思主义生态文明理论的生动反映，是新时代中国特色社会主义思想的新内涵。党的十九大报告指出："要把坚持人与自然和谐共生作为新时代坚持和发展中国特色社会主义基本方略的重要内容。"例如黄淮学院开展以"减少废物排放，构建美丽乡村"为主题的大学生志愿服务活动、青岛大学经济学院开展的"践行科学发展观，砥砺青春促和谐，携手打造环保时尚新农村"系列主题活动，还有的高校组织大学生开展"环保志愿者，你我在行动"和"地球一小时"等志愿公益活动。大学生通过不同形式、不同内容的志愿服务活动，逐渐形成一种人与自然和谐共生的道德情操，树立起尊重自然、保护自然的和谐生态观。其次，大学生志愿服务中的和谐具体表现为人与人之间的共融，这种共融强调的是人与人之间的尊重，尊重不同的社会生活方式、不同的文化背景、不同的种族差异、不同的个性差异等。换句话来说，人与人之间的和谐共融就是指在文化上表现出时代性与民族性的辩证统一，也就是在文化上的共性与个性、普遍性与特殊性的辩证统一。例如北京师范大学珠海分校志愿助残服务团，连续 6 年接力助残，对珠海 22 名残疾儿童进行精准帮扶。焦作大学红丝带志愿者协会是河南最早以"关注艾滋病"为主题开展志愿服务活动的,自成立以来,已经招募了 600 余名志愿者,成为河南省不可忽视的一支大学生志愿者队伍。大学生通过志愿服务,体味着人与人之间的平等、尊重、信任,使大学生更深刻地领会到人与人和谐相处的内涵。最后,大学生志愿服务中的和谐具体体现为共享社会发展文明成果,包括对社会文明发展的共享与共建。共建是共享的前提,共享是共建的目标。共享不仅是全民的共享,也是全面的共享,共享不仅是追求更是美德。如 2010 年上海世博会上,有 90.6% 的园区志愿者和三分之一的城市站点志愿者是大学生,87% 的上海大学生报名做世博会志愿者。故宫博物院在 2004 年成立了故宫博物院志愿者团队,10 余年来,累计注册志愿者近 3000 人次,高校大学生占到了 15%。这些志愿者为前来参观故宫的中外游客提供讲解、咨询、参与教育项目、宣讲以及宣传保护等志愿服务内容。天津师范大学津沽学院有 12 名同学成为对外汉语志愿者,他们赴泰国、肯尼亚等孔子学院任教。大学生通过志愿服务活动把自己的理想、知识与技能积极投身于中国特色社会主义伟大事业中,以实际行动促进和谐人际关系的形成,从而实现构建和谐社会的最终目标。

和谐作为社会发展的价值目标,与大学生志愿服务的价值目标具有趋同性。大学生通过志愿服务,促进了人与自然更亲、更近,促进了人与社会和谐统一,促进了人与人之间关系融洽,进而为促进社会和谐提供了重要的理论支撑和实践基础。

(四)文明价值观

文明可以理解为人类社会发展到较高阶段并具有较高文化的状态。社会主义核心价值观中的文明价值观是人类进步发展的标志,一般表现为公民思想道德素质高尚、科学文化素质较高、行为举止文明优雅、符合道德规范等。

社会主义核心价值观中的文明价值观与大学生志愿服务行为特征、内在属性高度契合。当文明作为一个价值概念的时候,它相当于狭义上的文明,指的是与思想上的保守和文化上的落后相对应的思想上的进步以及文化上的先进。具体到大学生志愿服务中,文明价值观就具体表现为大学生志愿者思想上的文明、行为上的文明以及对中华文明的继承与发扬。主要内容包括:

第一,基于文明多样化的包容。近年来,大学生志愿服务的领域和对象不只针对国内,同时也面向国际。贵州职业技术学院的老师带领 12 名同学在省图书馆为国际学生做弘扬文化的志愿服务。同时，近年来也有许多国内大学生选择到海外做志愿者，参与国际性的公益活动。如中国青年政治学院工管系大二学生梁译丹和中国青年政治学院分会主席魏雨帆，二人利用暑假到海外做志愿者。大学生通过参与国际志愿服务活动，在不同文化交流中求发展，在文化差异中求和谐，促进了人类文化的多样性，促进了中华文明的继承和弘扬。

第二，基于对社会先进文明成果的传播与维护。大学生志愿服务通过各种活动的开展，使大学生积极地参与社会活动，身体力行地去传播和维护社会的先进文明成果，使其兼具民族性和时代性，从而实现整休社会的文明进步。例如非遗青年志愿者联盟是由一群"80后""90后"的年轻人发起的对非物质文化遗产的传承与保护的志愿者联盟组织；四川大学文化行者团开展"桐乡竹韵"非物质遗产保护和传承活动；江西省围绕"一带一路"倡议和"中国文化走出去"战略，成立了两支对外文化交流志愿者队伍；大学生志愿者积极参与"高雅艺术进校园"活动等。这些由不同组织开展的志愿服务活动都在诠释着人们对中华文明的敬畏和传承。

第三，基于文明要求的行为礼仪文明。行为礼仪文明，即举止文明是基本的道德行为要求。大学生通过志愿服务，一方面，大学生志愿者倡导人们生活出行等各方面的文明礼仪，如西北工业大学航海学院开展文明餐桌志愿者活动，对西安市106家餐饮店进行走访，引导市民在餐饮消费时不浪费；另一方面，大学生志愿者自身也在不断接受着文明礼仪的洗礼，其行为特征更是文明价值观的特色彰显。

大学生志愿服务呈现的社会价值目标，与社会主义核心价值观倡导的文明具有内在继承性。大学生积极投身志愿服务，本身就是一种文明的行为，以点带面，以知促行，最终推动整个社会不断向着文明化、现代化发展。而大学生按照社会主义核心价值观倡导的文明参与志愿服务活动，努力提升思想境界，既推动了志愿服务的常态化、深入化发展，又是践行文明价值观的有效尝试。

（五）公正价值观

公正主要指的是人们对处理、协调各个社会关系而形成的制度、规矩的认可。从社会主义核心价值观的角度来看，公平正义指的是合理地分配社会权利和社会义务，是人们对一定社会现象和社会关系的道德评价，是社会制度和社会秩序的公平公道以及由此形成对社会成员的普遍公正要求和行为规范。社会主义核心价值观的公正在大学生志愿服务中具体表现为：

第一，源于内心的公正，人人平等。大学生志愿服务中的爱是不分等级、不分远近亲疏的，是无厚薄、无等差的爱所有人。只有一视同仁、平等相爱，才能真正使不同个体所共同构成的人类社会和谐发展。人人平等既是对每一个大学生志愿服务者的基本要求，也是大学生志愿服务精神的重要体现。当前大学生志愿服务活动面向的人群以需要帮扶和关爱的社会弱势群体为主。

第二，源于意识的公正，维护正义。公正的意识不仅是大学生道德观念的出发点，同时也是培养社会美德和建立社会秩序的着力点。只有树立公正的意识，才能维护社会公正，明晰是非观和荣辱观，才能实现社会安定有序的发展。大学生志愿者是推动社会公平正义的重要主体，他们对公正和非公正的行为具有一定的辨别能力，具有强烈的维护社会公正的意识，具体来说，就是遵守社会公德、维护社会公共秩序。如天津铁道职业技术学院的大学生志愿者为天津铁路春运做志愿服务工作；常州大学信息科学与工程学院、数理学院每周五在下班高峰期组织大学生志愿者走上街头，维持辖区拥堵路段的交通秩序，做好交通安全宣传，倡导文明宣传。大学生通过具体的志愿服务活动，身体力行地遵守社会公共秩序，坚定不移地维护社会公共秩序和社会公德，在一定程度上促进着社会公平正义的步伐。

第三，源于行为的公正，正义的伸张。大学生志愿者通过志愿服务，扶危济困，伸张正义。社会中有的人恃强凌弱，就有人打抱不平；有的人被侵权，就有人拿起法律武器。大学生志愿服务的领域，也涵盖了公平正义的价值观。例如，成立于2002年的安徽大学法律援助志愿者协会，以灵活多样的方式开展法律援助、法律咨询、法律宣传等活动，大学生用自己的专业知识和理论素养，通过志愿服务活动，服务群众、回报社会，同社会中违反公平正义的行为作斗争，以此来促进社会公平正义的实现。

大学生志愿服务的过程就是践行公平正义的过程，其与社会主义核心价值观倡导的"公平"具有高度一致性。大学生通过开展志愿服务活动，在一定程度上减少了社会中不公平、不正义的现象和行为，为实现社会公平、促进社会正义起到了"缓冲剂"的作用，而这个与社会主义核心价值观倡导的价值目标不谋而合。

总之，大学生志愿服务中价值观的具体内容，是社会主义核心价值观在大学生志愿服务领域有特色性体现的部分内容，是社会主义核心价值观24个字中的爱国、和谐、友善、文明、公正在大学生志愿服务中有针对性的具体体现，这也是大学生志愿服务中价值观的最大特点。大学生志愿服务中价值观培育的内容，就是通过大学生志愿服务这个活动载体，培育与其紧密相关的爱国、友善、和谐、文明、公正等价值观。

三、大学生志愿服务中价值观培育的必要性和重要意义

（一）大学生志愿服务中价值观培育的必要性

1.践行社会主义核心价值观的必然要求

一方面，党的十九大对社会主义核心价值观的践行做出了明确规定，要从培养可以承担民族复兴大任的时代新人出发，注重教育引导、实践养成以及制度保障，充分发挥社会主义核心价值观在国民教育中的作用，同时也要发挥其在精神文明建设、精神文化产品创作生产传播中的引领作用，并将社会主义核心价值观融入社会生产、生活中的各个方面，潜移默化地转变人们对其功能认同及行为习惯。社会主义核心价值观是社会价值观念的核心，它不仅具有凝结、整合其他价值观的作用，同时也在引领社会思想意识潮流。从某种意义上来讲，大学生志愿服务活动是大学生践行社会主义核心价值观的有效载体，大学生通过参加志愿服务活动可以深入了解、体会社会主义核心价值观的内涵，这对深化大学生对社会主义核心价值观的认识有重要作用，同时也可以促进大学生积极践行社会主义核心价值观。

另一方面，现阶段的大学生基本都是"00后"，这个时期的大学生接触的新鲜事物较多，接受能力较强，此外，"00后"的大学生对未来也充满了憧憬。虽然他们的思维活跃，充满创造力，但是他们的思想还不够成熟，他们的价值观正处于形成、发展阶段，很容易受外界因素的影响。在进行大学生志愿服务活动时，务必要将培养学生社会主义核心价值观作为一项强基固本的教育工程，在大学生志愿服务中开展价值观培育，是践行社会主义核心价值观的必然要求。

2.培育大学生良好精神风尚的必由之路

一方面，大学生对社会主义核心价值体系和核心价值观的认同与内化程度，是他们能否承担未来重任的前提条件。要广泛开展社会主义核心价值观的宣传教

育，积极引导他们形成与现代社会符合的价值观念，不断夯实大学生价值观形成的道德基础。社会主义核心价值观与志愿服务是精神文明建设和意识形态领域内的两个关键要素，都强调以德为核心，都体现一种道德追求和道德修养，都倡导一种道德实践和价值自觉。我们提倡要把社会主义核心价值观内化于心，外化于行，而大学生志愿服务作为培育和践行社会主义核心价值观的示范平台，对于提升大学生道德修养、培育良好精神风尚具有非常重要的理论和实践意义。

另一方面，当代大学生的思想可塑性强，大学时期也是对他们进行社会主义核心价值观培育的黄金时期。我国的高等院校历来是进行思想政治教育工作的主阵地，也是培育大学生践行社会主义核心价值观的重要场所。目前大学生的个人价值取向整体上呈现出积极向上的一面，大部分学生以社会主义核心价值观为导向。但也有少部分大学生受到多元化思潮的影响，甚至被一些不良思想所侵蚀，使得他们的价值取向出现了偏离。面对社会主义市场经济条件下的逐利趋势，一些大学生开始把经济利益作为自己价值判断的唯一标准，把个人利益放在集体利益之上，这和社会主义核心价值观倡导的价值准则背道而驰，与他们作为社会主义建设者和接班人的身份更加不符。大学生志愿服务作为培育和践行社会主义核心价值观的有效载体，是能够看得见、摸得着的社会道德实践活动，它把自我价值的实现与服务社会相结合，将高尚情操外化于行，在提升大学生道德修养的同时引领了主流道德建设。因此，通过大学生志愿服务培育社会主义核心价值观，是培养当代大学生良好精神风尚的必然要求。

3.增强社会大众凝聚力的需要

个人与社会之间有着密不可分的关系，首先人是构成社会的基本要素，没有人就没有社会；其次，人是社会中的人，如果没有社会，那么人同样无法存在。社会主义核心价值观可以在无形中凝聚人民大众的凝聚力，一是社会主义核心价值观具有明显的价值导向作用，对加快道德建设有重要意义；二是社会主义核心价值观对于道德意识和道德责任的形成有积极意义；三是社会主义核心价值观可以提升人民大众道德建设的自觉性，使人民大众的道德境界得到提升，在潜移默化中使人们将社会主义核心价值观作为自身精神的追求，这也是思想道德建设的最高境界。国家倡导人民大众将社会主义核心价值观作为其精神追求，这样就能形成凝聚力，成为社会和谐、国家发展的永恒精神力量。国家践行富强、民主、文明、和谐之德；社会践行自由、平等、公正、法治之德；公民践行爱国、敬业、诚信、友善之德，做到明大德、守公德、严私德的境界，整个社会的凝聚力就形成了。

大学生是国家发展的动力源泉，同时也是国家未来发展的希望，通常情况下，大学生群体是一个国家最活跃的力量之一，他们也是培育、践行我国社会主义核心价值观的原动力。志愿服务活动是大学生参与社会实践活动的一种方式，大学生在参加志愿服务活动时，可以快速了解我国社会主义核心价值观，这对提升社会大众的凝聚力有积极作用。

4.为社会提供了全新的社会动员方式

随着时代的发展以及志愿服务的深入开展，人们对其认识也逐渐加深，越来越多的人从内心深处开始接受它，并参与其中，为此志愿服务成为一种全新的社会动员方式，这为构建我国社会主义和谐社会起到了积极的作用。从某种意义上来讲，志愿服务是一项低成本、高效果的社会动员手段，在志愿精神的影响下，志愿者可以不计成本、不计回报、积极主动地服务社会。志愿者在参与志愿服务活动时，也可以逐渐提升自身的价值及能力。1993 年是我国志愿者项目行动的元年，截至目前我国参与志愿服务的人次高达 4 亿之多，志愿服务时长超过了 80 亿小时，同时我国志愿服务形式也十分丰富，这些都是我国开展志愿服务过程中取得的辉煌成绩。从现阶段来看，青年学生是我国志愿服务活动的参与主体。随着我国志愿服务的开展，它不仅成为年轻人追求潮流的活动，同时也在一定程度上创新了社会动员的方式与机制，为我国社会、经济、文化的发展提供了新的载体。

（二）大学生志愿服务中价值观培育的重要意义

1.有利于实现中华民族的伟大复兴

对于一个国家而言，只有人民有了信仰，这个国家才会有力量。此外，一个国家的强盛也离不开精神的支撑，同时，精神也有助于人民人格的形成，正所谓"精神立则人格立，精神强则国家强"。从国家的角度上来讲，一个国家的意志和民族精神主要体现在核心价值观上。即便一个国家的经济发展落后于世界其他国家，但是只要民族精神强大，那么国家贫困落后就只是暂时的，如果这个国家的精神荒芜，那么它很可能会陷入地狱深渊。通常情况下，我们认为那些精神匮乏、理想信念缺失的人或国家处于一种病态，即得了"软骨病"，这样他们将会陷入停滞不前的状态，甚至还会因此而堕落。自改革开放以来，我国的社会经济以及我国在国际上的地位骤然提升，为此"中国模式""中国速度"等都成为举世瞩目的焦点。截至 2010 年我国成为世界上第二大经济体，并成为世界上第一大贸易国。现阶段，想要实现中华民族的伟大复兴，必须要加强文化建设，而这就需要全体人民共同努力，尤其是代表祖国未来的大学生群体。大学生志愿服务是培育和践行社会主义核心价值观的有效载体，也是增强其时效性的重要手段。借助大学生志愿服务平台，积极开展大学生志愿服务可以快速提升大学生的核心价值观，这对推动中华民族的伟大复兴有重要意义。

2.有利于培养合格的社会主义事业接班人

中国特色社会主义事业的建设是一个积年累月的长远任务，需要一代代地积累传承下去，而大学生作为我国社会主义事业建设的接班人，其世界观、价值观的正确与否，不仅影响了大学生个人的未来发展，同时也极大程度上决定了我国社会主义事业的发展方向。"大学生思想政治教育对于社会主义建设事业的重要性是确保我国在激烈的国际竞争中始终立于不败之地；确保中国特色社会主义事业兴旺发达、后继有人。"[①]

从某种意义上来讲，大学生志愿服务的价值观培养是高校开展大学生思想政治教育的一部分。为此我们应当充分认识到思想政治教育工作在其中的重要性，并在此基础上将大学生培养成我国社会主义事业的接班人。众所周知，大学生志愿服务是一项不计劳动报酬、自愿参加的公益性活动，大学生在服务社会的同时，也可以更好地了解这个社会，这不仅锻炼了大学生的社会实践能力，同时也在一定程度上提升了他们的思想道德境界，可谓一项"双赢"的工程。因此，应在志愿服务中开展社会主义核心价值观培育、运用马克思主义及其中国化理论教育大学生，培养和造就有理想、有道德、有文化、有纪律的有用人才和忠诚的共产主义继承者。在大学生志愿服务中培养其建立起社会主义核心价值观。因此，要利用好大学生志愿服务平台，积极开展社会主义核心价值观培育研究，用社会主义核心价值观武装他们的头脑，培养社会主义事业合格的接班人和建设者。

3.有利于建设和谐校园、和谐社会

大学生志愿服务中的价值观的培育对于和谐校园的建设以及和谐社会的建设都有积极的意义。

---

① 戴维书.志愿服务对社会主义核心价值观培育的意义 [J].教育界，2013（30）：40-41.

（1）有助于构建和谐校园

大学生志愿服务是一项无私奉献的团队实践活动，大学生在参与志愿服务活动时可以深刻地体会到团队的力量，同时也可以清晰地认识到无私奉献的意义和价值，这在一定程度上可以提升大学生对社会主义核心价值观的认识。另外，通过加强大学生志愿服务中的价值观培育，同样可以对大学生志愿服务活动的开展起到一定的推动作用，从而使我国大学生志愿服务呈常态化发展。随着我国大学生志愿服务活动的深入开展，大学生与校园的关系更为融洽，这对建设和谐校园有重要的意义。

（2）有助于构建和谐社会

社会主义核心价值观的培育可以使人与人之间形成一种和谐的关系，这对加快我国社会主义和谐社会的建设进程有重要作用。通过大学生志愿者组织平台，大学生可以与社会上更多的人交往，不仅锻炼了他们的性格，也使他们学会了与他人交往的技巧及沟通能力，无疑为和谐人际关系的形成埋下了伏笔。现阶段，我国多种形式的大学生志愿服务活动都可以从不同程度磨炼大学生的人格品行，如养老院助老行动、福利院帮孤行动等，这些活动中都蕴含着中华民族传统美德。通过参加这些活动，大学生不仅认同了中国传统文化，同时也加深了对社会主义核心价值观的认同，从而为构建社会主义和谐社会打下坚实的基础。

4.有利于传承和弘扬中华民族优秀传统文化

志愿服务中所提倡的奉献、友爱、互助、进步的服务理念，是中华民族优秀传统文化的重要组成部分，是中国传统文化——"善"的发展和延伸，体现的是人与国家、人与社会、人与人之间的关系。而社会主义核心价值观是中华民族优秀传统文化的内容在当代的表现形式，并被赋予了新的时代意义。因此，对大学生志愿服务中价值观培育进行研究，有利于挖掘中华民族优秀传统文化的积极因子，将脱胎于中华民族优秀传统文化而又凝结在社会主义核心价值观中的"行善立德"的理念与现代志愿服务相契合，并将其运用到价值观培育过程之中，使服务社会与实现个人价值有机地结合起来，陶冶情操，立德修身。这不仅仅有利于大学生志愿服务的顺利开展，还与扶危济困、助人为乐的中国传统美德一脉相承，有利于传承中华民族优秀传统文化，又反映了社会进步发展的时代要求，更体现了社会主义核心价值观的要义。

大学生志愿服务中价值观培育有利于弘扬中华民族传统美德，其是涵养社会主义核心价值观的重要源泉。其中，"孝悌为本、仁爱友善是中华民族爱国情感之基，以人为本、天下己任是国人担当精神之源，礼让诚信、人文化成是公民道德教育之本，追求公平、崇尚正义是社会秩序之基石，尚中贵和、万物化育是社会和谐之秘诀，变易日新、自强不息是改革创新之动力。"①一个国家如果没有品德，这个国家就不会得到发展；一个国家的人民如果没有品德，就不会在社会中立住脚跟。我国五千年来形成的社会美德蕴含在中国的传统文化之中，这是我们民族精神的根本保障，里面有无数可以挖掘的思想政治教育的资源。比如传统文化中大力宣扬的"天行健，君子以自强不息"的自立自强精神，敬业乐群的尽职尽责观念，等等。这些传统美德是中华民族优秀传统文化的有机组成部分，大学生对这些传统美德接触时间长，理解程度深，合理利用他们，为大学生志愿服务中开展社会主义核心价值观培育创造了条件，减轻了阻力，拓展了外延。

5.有利于加速大学生社会化的进程

在大学生志愿服务中进行社会主义核心价值观的培育，是志愿服务方向性、科学性的重要保证。同时，大学生志愿服务是加速大学生社会化进程的重要手段。学校教育的作用是在学生走向社会前培养其所必备的理论素养，大学生志愿服务才是大学生掌握社会机制的实践方式，更是大学生从一个半社会化的个体变为完全社会化的个体的重要途径之一。例如，对许多参与"大学生志愿服务西部计划"的青年来说，西部基层工作成为"一次前所未有的经历"，他们更加深切地了解了国情，增进了与人民群众的感情，对社会形成了比较客观和清醒的认识，从而能够理性客观地规划自己未来的人生道路。大学生群体通过积极参与大学生志愿服务，获得一些社会经验和人生阅历，明确自己的长处和优势，逐步形成更加适合社会现实生活的心理倾向、性格特征和行为方式。这在一定程度上弥补了学校集体教育与社会脱节的问题，让众多的大学生在走进社会之前清醒地认识到自身的不足，从而在心理上有一个充分的准备，正确而有效地实现社会化的目标。

6.有利于大学生更好地践行社会主义核心价值观

大学阶段是大学生价值观塑造的关键时期，为此现阶段的大学生不仅要掌握相应的专业理论知识，还要深入实践活动，在社会实践中加深对社会主义核心价值观的理解，并转换为自己的行动。志愿服务活动是大学生塑造、践行社会主义

---

① 张自慧.论社会主义核心价值观的传统文化基源[J].思想理论教育，2014（10）：21-25.

核心价值观的有效载体，而且大学生志愿服务与社会主义价值观之间相互影响，相互发展，为此我们应该恰当地利用大学生志愿服务活动这一载体，提升大学生社会主义核心价值观的培养效果，并反过来作用于大学生志愿服务，从而使二者形成良性循环，在学习、实践中感悟社会主义核心价值观，并将其转换为实际行动。

四、大学生志愿服务中价值观培育原则

（一）坚持正确导向

大学生是未来社会发展的中坚力量，实现中华民族的伟大复兴，应该是大学生在学习发展中必须坚持的正确方向。只有引导大学生坚持实现"中国梦"这一正确方向，通过有效的手段培养大学生正确的思想观念和积极的人生态度，大学生才能对习近平新时代中国特色社会主义思想产生更加深刻、全面的理解，才能真正认识到社会主义核心价值观对于中国发展的深远意义，在此基础上，大学生才能树立崇高的理想信念，才能做好大学生志愿服务工作，进而实现自己的人生价值。

在经济全球化的浪潮中，东西方在文化上的交流越来越密切，我国青少年不可避免地会受到西方文化的影响，正因如此，现在的少数大学生群体会产生思想和价值困惑。在这样的背景下，加强对大学生特色社会主义核心价值观的教育和引导，是十分重要的，因为它关系着中华民族伟大复兴事业的进程。我们必须明白，当代大学生必须坚持中华民族伟大复兴这一价值导向，才能在学习和发展过程中形成正确的世界观、人生观和价值观，才能真正理解中国特色社会主义的含义和价值，才能真正担负起新时代复兴中华的伟大使命。

1.为大学生成才发展指明方向

大学生是年轻力壮的一个群体，他们朝气蓬勃、昂扬向上，有着较强的学习能力和适应能力，所以说他们是未来社会发展的主要力量，是支持国家建设的栋梁，同时也是促进中华民族伟大复兴"中国梦"得以实现的后备军。所以，我们必须坚持以实现"中国梦"为正确的价值导向，通过大学生乐于接受的方式，呼吁他们积极响应时代的号召，教育他们用社会主义核心价值观的内涵来提升自身各方面的素养，让大学生无论在什么时候，都把习近平新时代中国特色社会主义

思想当成自身成长发展的指路明灯，引导大学生在坚持中国共产党的领导下，深刻理解社会主义核心价值观，并将其内涵体现在行为上，时刻将个人理想融入"中国梦"之中。

每个人都追求个人价值的实现，作为当代大学生，在实现自我价值的过程中，必须要把自身所承担的历史使命放在最重要的位置上。在大学生志愿服务中的价值观培育过程中，必须让大学生明确未来努力的方向，这样才能使大学生在未来发展过程中避免绕路，才能促使大学生在工作和生活中永远以社会主义核心价值观来规范自己的行为，才能保证大学生在这个竞争激烈的现代社会更好地实现自身价值，为国家发展做出贡献。

2.为大学生提供实现人生价值的舞台

无论是一个国家还是一个民族，它必须在一个核心价值观的支撑下才能取得稳定发展。中国也是如此，社会主义核心价值观将国家、社会以及公民的价值目标和追求融为一体，可以说是社会主义核心价值体系的最大公约数，其中凝练了社会主义核心价值体系的要旨。新时代，必须要对社会主义核心价值观进行时代解读，要将大学生志愿服务与社会主义核心价值观培育进行有效的结合，这样才能引导大学生将实现"中国梦"作为自己价值体系的根基，才能促使大学生为实现"中国梦"而努力奋斗。助力"中国梦"的实现，就是大学生实现个人价值的最大舞台。每个大学生内心都有梦想，从客观来讲，梦想和现实之间往往有着较大的差距，由于生活中各种条件的限制，大学生的梦想一般会转变成他们内心深处的一种比较模糊的意象。作为当代大学生，要想使自身的梦想成真，那么就必须要有符合逻辑并且切合实际的思想意识形态，最重要的是还要坚持正确的价值观念，只有在正确的价值观念的带动下，才能在实践中实现自己的梦想。包括大学生在内的所有社会成员，都将实现"中国梦"作为自己的毕生理想，作为自己生活和工作中的价值导向，那么"中国梦"就会成为所有社会成员共同的梦想，这种思想意识也就会逐渐升华为民族意识和国家意志，从而形成一种强大的凝聚力，这种力量在社会发展进程中必将发挥十分重要的作用。

作为当代大学生，在发扬社会主义核心价值观的同时，一定要注意坚持正确的导向，还要紧紧跟随时代发展的步伐，认准人类社会发展的主要方向，只有这样，大学生群体所形成的理想信念，所产生的巨大力量，才能在实现中华民族伟大复兴中发挥出重要的作用。

（二）坚持联系实际

大学生志愿服务是大学生群体利用自己的专业技能和时间，公益性地开展社会实践的一种重要形式，其时代性、实践性、系统性特征呈现鲜明。大学生志愿服务中价值观培育，是积极依托大学生志愿服务形式开展的意识形态培育工作，其与大学生志愿服务同生共存，互融互进。因此，大学生志愿服务中价值观的培育，必须坚持理论联系实际的基本原则，以保障大学生志愿服务中价值观培育工作的方向性、科学性。

1.紧紧依托大学生志愿服务的实际，科学地开展大学生志愿服务活动

大学生志愿服务是一项系统而又宏观的持久性工程，随着志愿服务活动的深入开展或者主客观条件的变化，价值观培育的方式方法也应该呈现出同步性的特征。首先，在大学生志愿服务初步阶段，要明晰大学生志愿服务秉承的不是西方所谓的公益价值观和多元化价值观，而是中国独有的志愿精神。在参与志愿服务的过程中，大学生所形成的是具有中国特色的社会主义核心价值观，必须明确这个方向和宗旨，才能保证大学生志愿服务活动具有科学性、方向性。从另一个角度来说，培养大学生的社会主义核心价值观，要跟大学生志愿服务进行有效的融合，社会主义价值观有着十分丰富的内涵，而大学生志愿服务不可能承载其所有的内容，因此要抓住社会主义核心价值观与大学生志愿服务相结合的部分，紧扣爱国、友善、和谐、文明和公正的价值观，将其深度融入大学生志愿服务中，进而有效促进大学生社会主义核心价值观的养成。

其次，在大学生志愿服务中期，要通过有效的手段，将社会主义核心价值观融入大学生志愿服务的整个过程，并且，在这一过程中，还要结合大学生志愿服务的目标、过程以及结果等实际情况，来对核心价值观培育的方向和方法进行适当的调整，只有这样，才能真正做到核心价值观在志愿服务过程中的渗透性贯穿。最后，在大学生志愿服务的后期，更要进一步联系大学生志愿服务的实际情况来加强社会主义核心价值观的培育，要根据大学生志愿服务的实践与理论轮动性目标，审视大学生社会主义核心价值观养成的结果，从而发现教育过程中存在的不足，积极改进教育策略，积极促进社会主义核心价值观整体性培育的有效落实。

2.深入剖析当前大学生志愿服务中价值观相关的问题

志愿服务起源于西方，西方国家大学生志愿服务渊源已久，其理论化、制度

化、系统化发展别具一格。随着中西方志愿服务交流的广度和深度不断增加，西方所谓的公益价值观无形中影响着我国大学生的意识形态阵地。加之，大学生主体容易受到外来价值观的侵扰，并且难以对其进行本质区分，造成在大学生志愿服务领域功利主义的功利思想悄然抬头，理想信念动摇的现象时有发生，中国特色志愿精神入脑、入心面临挑战。面对这样的实际问题，要将中国特色志愿精神中的奉献、友爱、互助、进步的内容当作社会主义核心价值观的精神标志，对大学生进行理论融入、实践检验、科学评价，厘清社会主义核心价值观与中国志愿精神的内在一致性，廓清中国志愿精神与西方倡导的公益价值理念的本质区别，认准当代大学生的主体特殊性，把握当代大学生的鲜明特征，使得在大学生志愿服务过程中，真正有针对性地开展社会主义核心价值观的培育工作，提升其培育效率。

（三）坚持与时俱进

社会主义价值观有着十分丰富的内涵，具有较为完善的逻辑架构，可以说是一个科学的、系统的理论体系。对于全面贯彻"五位一体"总体布局和"四个全面"战略布局，社会主义核心价值观可以说是文化灵魂，它准确地体现了当代中国特色社会主义意识形态。随着时代发展的潮流，党在十九大报告中指出，持续深化改革是国家发展的重要方向。应该选择怎样的价值观念来指导大学生志愿服务活动，这对中国特色社会主义的发展有着重要的影响，同时也影响着大学生志愿服务中能否真正实现核心价值观培育。我们把社会主义核心价值观融入大学生志愿服务的过程中，主要原因就是社会主义核心价值观的培育更加具有时代性，也更加具有先进性，并且有助于培养大学生的正确价值观，使他们在多元文化的社会环境中，能够坚持正确方向，对各种价值观有一定的辨别能力。

1.大学生志愿服务中价值观培育的本质要求

社会主义核心价值观是大学生志愿服务开展的理论基础和保障，是大学生志愿服务中价值观培育的理论来源和持久源泉，是保证大学生志愿服务科学化、方向化的重要支撑。大学生志愿服务与社会主义核心价值观是理论与实践、基础与呈现的关系，大学生志愿服务作为一种特殊的社会实践活动，必将有相应的价值观为指导，以保障志愿服务的科学性、持续性、常态化发展。社会主义核心价值观与大学生志愿服务具有内在一致性：国家观与大学生志愿服务追求的终极目标相一致、社会观与大学生志愿服务的伦理正义相吻合、公民观与大学生志愿服务的民众参与互为基础。因此，大学生志愿服务中价值观培育需要与时俱进，说到与时俱进，最重要的就是要在大学生志愿服务的整个过程中，深度融入社会主义核心价值观，而大学生志愿服务在逐渐发展和完善的过程中，会对社会主义核心价值观产生越来越深的认识。

大学生虽然已经成年，但他们缺乏社会经验，思想不够成熟，有着一定的可塑性，容易被影响，而在东西方文化交流密切的时代背景下，大学生很容易被西方多元化的价值观所影响。针对这样的问题，就需要依托大学生志愿服务，践行社会主义核心价值观的培育，积极探索培育大学生社会主义核心价值观的有效措施，这对于建立大学生主流意识形态的教育阵地来说有着非常重要的价值。

2.实现大学生志愿服务"知行合一"

加强对社会主义核心价值观的弘扬和培育，对提升民族凝聚力大有益处。在践行社会主义核心价值观方面，大学生志愿服务是比较好的载体。大学生在投入社会实践的过程中，能够奉献自我，实现自身价值，并在这一过程中陶冶精神，升华思想境界，对社会主义核心价值观产生更准确的理解和更深的认同感。将社会主义核心价值观看作大学生志愿服务中价值观培育的时代化标志，为大学生志愿服务活动提供与时俱进的理论指导，为大学生志愿服务实践活动提供目标和结果的检验标准，是大学生志愿服务活动的内在要求。如果在大学生志愿服务过程中没有将社会主义核心价值观的内容与活动形式进行有效对接，没有明晰社会主义核心价值观在大学生志愿服务中的指导地位，那么，当代大学生在志愿服务中，对其应该秉承的价值理念和意识形态就会模糊不清，从而陷入价值观冲突而茫然不知的境地中，甚至会在多元化的价值观的冲突中迷失自我，进而深陷西方国家设置的文化陷阱中。对于大学生志愿服务中的价值观培育，必须要加大研究力度，要利用好大学生志愿服务这一媒介，从多角度了解大学生价值观模糊的问题，并采取针对性的教育措施。另外，在大学生志愿服务活动的开展中，我们必须明白，在此过程中需要培育大学生的是中国特色的志愿精神，是中国特色的社会主义核心价值观，只有充分明确这一问题，才能进一步强化社会主义核心价值观在大学生群体中的指导地位，才能掌握指导大学生意识形态的主动权，进而使得我国大学生志愿服务中存在的理论和实践相关问题得到妥善的解决。

当代大学生在对社会主义核心价值观有一段时间的学习和研究之后就会了解到，大学生志愿服务中的价值观培育，实际上就是我们在坚持中国特色的前提下，跟其他意识形态的国家在差异中寻找相同点，从这方面来讲，我们致力于跟其他国家建立一种相互尊重和理解的状态。我们不仅是在交流的过程中紧紧围绕着"互动原则"和"他者原则"，而且，我们还将这些原则有效地应用到实践过程中。事实上，整个过程主要就是在对立中寻求统一，是一个将理论向实践转化的过程。在大学生志愿服务活动中，必须要将价值观培育作为重要内容，要引导大学生对社会主义核心价值观产生准确、全面的理解，并从更深的层次认识中国特色志愿精神，在此前提下，客观认识其他国家的志愿精神，最终实现对大学生社会主义核心价值观的培育。

五、大学生志愿服务中价值观培育的方法

大学生志愿服务中价值观培育的方法是多种多样的，我们需要科学总结，善于发掘，结合时代，更新方法，不断完善。从当前来看，应当在综合运用各种方法的基础上，着力探寻大学生志愿服务主体特征，使大学生志愿服务中价值观的培育更有成效。

（一）探寻大学生志愿服务主体特征，强化示范引领效应

大学生志愿服务，以其时代性、综合性、专业性的特征区别于一般的大学生社会实践形式。大学生志愿服务，其实践主体是大学生，具有专业技术高、思维方法活、信息接收度高等特征，其主体性特征彰显时代特色。所以，在大学生志愿服务活动中，要想有效进行价值观培育，首先要特别重视对大学生主体意识的唤醒，要从更深的层面出发，培育大学生的主体人格，提升大学生主体能力，只有满足这些条件，在大学生价值观培育中，才能取得较好的成效。

第一，结合大学生的发展特征，通过有效的手段唤醒大学生，发挥主体性的内在驱动力。我们所说的内在驱动力，就是关系到大学生志愿者主体的原动力，这可以说是提升大学生志愿能力的主要因素。一方面，通过有效的举措，引导大学生积极实现自我价值。在志愿服务活动中，大学生将自身综合条件通过社会实践作用于各种社会形式，这样的互动过程不仅仅使得大学生的相关综合能力"物尽其用"，更能够在实践的过程中激发他们的内在驱动力，从而提升他们的自身

荣誉感、自尊心和内生热情，大大加强大学生参与志愿服务的内生驱动力。这样互动的过程反复实践，大学生自我满足特别是精神层面的满足和自身能力层面的提升联动机制就会形成一种良性循环，从而实现大学生在志愿服务中不断发展自身，完善自身，提升自身的愿望。另一方面，了解大学生的理想和志向，通过有效的引导措施，促使大学生志愿者积极追求"人类价值"。所谓"人类价值"，它最终落实到人的全面发展，而前面所说的追求人类的价值，主要就是提升对主体的自觉，提升自我境界。我们可以认为，大学生志愿服务活动是一种比较超越的社会实践活动，其体现的不仅仅是精神境界上的提升，更是一种超越功利主义的最佳境界。大学生通过志愿服务活动，在志愿服务活动中不断追求奉献国家、服务社会、帮助他人的精神境界，从而在过程中实现自我精神境界的提升。大学生在追求"人类价值"的过程中，要真正去探求人生的意义和实现自由发展的路径，不断提升自我的主体性。

第二，在重视内在驱动力的基础上，还要通过有效的方法，不断激发大学生主体性发挥的外在驱动力。对于大学生来说，他们能否充分发挥主体性，其外在驱动力是关键性因素。我们所说的外在驱动力，就是能够对大学生主体产生一定刺激和影响的外部的环境与力量。外在驱动力在大学生志愿服务中起着重要的渲染、熏陶、促进、养成等作用，积极构建大学生志愿服务的外部环境，更好地强化大学生志愿服务主体性发挥的外在驱动力。首先，了解当前大学生群体的道德水准，结合他们的实际生活采取有效的手段，促使其形成良好的社会公德。无论社会发展到哪一阶段，德行永远都是社会发展的要素，也是社会文明的一项重要评判标准。不难发现，随着时代的发展，人们的道德观念一般会建立在自由和理性的前提下。在对德行的追求上，很多人都带着一种理性和自由的态度，在这样的环境下，大学生志愿服务也呈现出一种自由、理性的氛围，我们应该主要从正面给大学生支持和引导，从而有效促进大学生志愿服务主动性的形成与发展。其次，积极发挥高校对大学生的良性教育。高校是大学生志愿服务顺利开展的首要阵地和组织保障，高校教育为大学生主体性的全面发展提供了现实可能。积极发挥高校对大学生的良性教育，积极开拓形式各样、主题鲜明、内容先进的大学生志愿服务形式，不仅可以提升大学生的实践能力和基本素养，提高大学生对志愿服务的认知能力和实践能力，更可以通过制度化的构建，形成一系列奖励机制和绩效机制，提升大学生参与志愿服务的积极性、主动性和创造性，进而强化大学生志愿服务中价值观培育的主体性特征。牢牢把握高校教育的主阵地，是保障大学生志愿服务顺利开展的实践前提和前提条件，也是构建大学生主体性发挥机制首要解决的问题之一。

第三，要结合大学生的实际情况，加强对其世界观、价值观和人生观的正确引导。实际上，中国特色社会主义建设是一个系统的工程，具有立体性、多样性和深层次的特征，而中国特色社会主义现代化事业建设的主要方向和目的，就是构建文明社会以及和谐的人际关系。一直以来，社会公益事业是判断社会文明以及人际关系和谐程度的一个重要标准，这一点在大学生志愿服务的现代化发展中有更明显的体现。大学生志愿服务覆盖面愈加广泛、触角渗透度愈加深入，整体水平愈加提升，成为社会主义现代化建设的一个重要衡量指标和表现方式。通过大学生志愿服务，大学生群体在社会实践过程中不断体会自己对于国家、社会和他人的重要意义，使得志愿服务逐渐成为一种社会风尚、一种道德风尚，反过来有助于加强大学生对整个世界的看法，对个人如何存在的正确认识和个人价值观的形成具有重要推动作用。同时，在大学生志愿服务过程中，加强对他们的世界观、人生观、价值观教育，更有利于大学生在志愿服务过程中不断深入理解大学生志愿服务的本质，深入理解大学生志愿服务精神的实质，越来越认可、认同社会主义核心价值观。强化大学生的"三观"教育，使得大学生在志愿服务前期、中期、后期不同阶段，深入理解大学生志愿服务活动的全面性、进步性和时代性，从而强化大学生志愿服务中价值观培育研究。

第四，着力提升大学生自我实现的程度。随着社会的发展进步，人们的内在需求也在不断增长，而这种内在需求的增长，跟当下社会所提倡的理念有着一定的契合性，这促使人们自身发展的需求愈加合理化，正是在这样的条件下，志愿活动得以诞生。在开展大学生志愿服务活动时，要从建立动力机能着手，只有这样，才能给志愿服务的开展打好基础。并且，大学生的主体意识不断增强，我们必须要抓好这一契机，促进志愿服务体系的成熟与完善。一方面，以有效手段引导志愿者自我实现，在服务过程中，将个人的需要融入社会的需要中，让志愿者在服务社会的同时，能够充分实现自我价值；另一方面，要重视志愿者的情感体验，让大学生志愿者在志愿服务过程中不断体会到助人自助、帮助他人的乐趣和情感体验，真正做到志愿服务全过程的知行合一，确保大学生志愿服务活动的全面性和持久性，让大学生在实践中体味，在体味中成长，在成长中感悟，在感悟中不断加强志愿服务活动的兴趣和动力，丰富志愿服务的情感体验，从而夯实大学生志愿服务中价值观培育的实践基础。

（二）利用新兴技术平台，丰富价值观引导方式

第四次工业革命方兴未艾，依托互联网模式发展的新兴技术对人们日常生活的影响越来越大，大学生成为互联网新技术的典型群体。互联网企业间的内部竞争促使在线通信软件的不断创新，为了迎合网民沟通需求，抓住市场份额，出现了一批批内容优质、方式新颖、沟通高效的网络社交平台，如微博、抖音、微信和QQ等，让高校学生多角度、全方位地在"象牙塔"中了解社会变化动态成为可能。毫无疑问，互联网是把双刃剑，在线分享的资讯浩如烟海，有促进健康成长的精神养料，也有荼毒内心的文化垃圾，大学生在接受新鲜资讯的时候很容易将鱼龙混杂的信息装入脑中，潜移默化地影响、混淆一些正确的价值观念，这对于成长、成才并无益处。反之，若使用备受学生青睐的新媒体平台发布正能量信息，如有针对性地发布培育志愿服务精神的资讯，大学生在浏览的过程中自然而然地会接受正能量的引导，进而逐渐形成志愿服务意识，这是利用新媒体技术的有益尝试，更有助于实现社会主义核心价值观的传播。

1.善于熟练运用新媒体培育社会主义核心价值观

随着新媒体技术的应用和普及，高校学生的日常生活充斥着海量的互联网信息，社交工具和新型网络平台足够将变化万千的动态展现给学生，通过抖音、微博等平台了解社会各界资讯已经成为相当一部分学生的日常习惯，基于这一点而言，新型网络平台在普及大学生以信息时也暗含着引导价值观的全过程，成为大学生认识社会、探索世界的新起点。当前，高校中传统的宣传方式还在发挥着作用，虽然要做到完全的信息传播现代化还有一定距离，但越来越多的新媒体技术尝试被证实对社会资讯和新闻动态的传播更有效果，也在实际生活中被不断提倡应用。值得警惕的是，西方国家的文化入侵从未停止，随着新兴技术运用，网络成为其传播、蛊惑、诱导学生的新方式。如果高校学生不能辩证对待网络上的海量资讯，稍有不注意就会陷入西方意识形态的陷阱，在认知上与社会主流文化脱节，这与志愿服务的初衷背道而驰。但无论如何，新媒体技术是不可阻挡的趋势，我们只能适应、驾驭它，况且新兴媒体和传统媒体作为信息传递的两种方式，各有利弊，新媒体传播速度快，内容多，传统媒体纵向延伸能力强，我们要将二者

有机结合，统一于社会主义现代化建设的蓝图里，也就是又快又好地将社会主义核心价值观中的服务意识传递给广大高校大学生。

要切实做到将新媒体和传统媒体共同统一在高校大学生志愿服务的体系中，将两者的优势相结合，把握时效性的同时又兼顾内容深度，全方位、深层次、多领域地普及社会主义核心价值体系，让广大高校大学生增强对社会主义文化的认同，也加深对志愿服务的理解，培养助人为乐、回馈社会的氛围，多种方式并举，构筑社会主义集体精神的蓝图。

2.推动社会主义核心价值观进校园，促使新媒体成为校园宣传新方式

新媒体传播的重要因素是信息能够及时准确送达，除时效性外，人们更多关注的是信息的质量，往往以其内容为评判标准。在社会主义现代化建设的今天，高校宣传工作不应局限于老师到学生点对点的传统模式，而应因势利导地运用新媒体技术手段，扩大宣传受众群体，增强宣传效率，这不仅有利于加深宣传力度，更是为增强意识形态的宣传和普及"开路搭桥"。我国一贯坚持走中国特色的社会主义道路，就离不开社会主义核心价值观的引领，这不仅是经济发展后精神文化需要跟进的结果，更是因为核心价值体系中暗含着世代中国人的立身准则和行为规范，在新时期更要毫不犹豫地遵守和践行。运用新媒体普及社会主义价值体系，不仅保证了新媒体宣传质量，更是对新兴技术的充分运用，让价值引领不再成为书上的"冷文字"，而是成为大学生日常生活中触手可及、随眼可见的"身边事"。

在体味中成长，在成长中感悟，在感悟中不断加强志愿服务活动的兴趣和动力，丰富志愿服务的情感体验，从而夯实大学生志愿服务中价值观培育的实践基础。

（三）抓住时代特征，引导志愿服务体系

高校志愿服务活动是近代社会的产物，其精神内核是助人为乐的奉献意识。大学生志愿服务活动种类多样化的对口服务项目对于帮扶校内困难群体、关护社会弱势群体起到了巨大作用。

"中国青年志愿者扶贫接力计划"是近年来兴起的青年学生志愿服务活动之一，主要工作指向医疗卫生、新型农业和小微企业发展板块，开展时限为两年的对点帮扶工作，志愿服务采用公开招聘的方式吸引在校学生，工作人员以定期轮

岗的方式保证志愿服务一直"在线"。同一批次的志愿项目还有"绿色行动营计划"，通过集中组织青年学生开展志愿服务的方式宣传环保理念，在锻炼青少年的同时普及绿色环保常识，也是在实际应用中改善环境。1999年6月17日，为了提升青年学生环保意识，以学习、交流和劳动为主题的志愿服务活动在河北丰宁首期展开，首届活动由共青团中央牵头，中国青年志愿者协会、水利部、中央电视台等7个部门联合发起，不仅能促进当地经济的发展，还能有效减少风沙对京津地区的侵袭，在保护水资源的同时，切实保障京津地区人民的正常生产和生活，这是结合理论和实践的有益尝试，不仅探索了河北绿化的路径，也为在全国范围内宣传普及青年学生志愿活动整理了一整套较为完整的科学办法。短短一年时间，志愿服务人数就达到了6000余人，在山东、吉林、内蒙古等地纷纷开展了绿色志愿服务行动，不仅有力推动了志愿服务活动的开展，也为生态环境保护做出了杰出贡献。

除了改善环境的绿色环保活动，由大学生组成，占比极大的志愿者服务群体在奥运会、全运会等国家重大活动上也发挥了重要作用，不仅保障重大赛事顺利进行，而且在维护赛场秩序、对接观众需求等方面起到了关键性作用，是整个赛事各环节间的"润滑剂"。2008年是北京成功举办奥运会的一年，也是借此将我国志愿服务活动推到顶峰的一年，大学生志愿服务群体成为北京奥运会的亮点，也为全世界志愿服务提供了经验参考。北京奥运会实现了志愿服务体系的创新，积极组织引导高校学生作为志愿服务的后备军，使志愿服务活动依托世界级赛事到达新的平台，给全世界带来了参考的模板，丰富了大学生志愿服务的内容，也是对其自身素质的又一重提升，中国的青年志愿者成为全世界宣传的典范。

因此，利用好国家重大志愿服务活动，在活动中培育大学生志愿服务精神和助人为乐、积极奉献的价值观。一方面，能够让高校学生在开展志愿服务活动中切实体会到奉献、友爱、互助、进步的志愿精神，保障大学生志愿服务活动科学化、方向性地开展；另一方面，有利于大学生在志愿服务过程中，深刻感知社会主义核心价值观的深刻内涵，体会到社会主义核心价值观倡导的国家观与大学生志愿服务的目标相一致；社会主义核心价值观倡导的社会观与志愿服务的伦理基础相吻合；社会主义核心价值观倡导的公民观与志愿服务的社会参与要求相融通，从而促进大学生志愿服务中社会主义核心价值观的培育，使得社会主义核心价值观在大学生群体中落地生根，融会贯通。

（四）统筹协调，实现非政府志愿组织资源整合

非政府组织（Non-Governmental Organizations，简称 NGO），广义上指政府和营利企业之外的一切社会组织，包括注册的（合法的）和非注册的（非法的）两类，它在外延上包括各种政治性的、行业性的、专业性的、联合性的、学术性的社会团体，也包括各种基金会、志愿者组织、社会救济和福利组织等社会组织及事业单位等；狭义上则指非政府的、非营利的、志愿的、自治的民间公益组织。我国官方认可的非政府组织则是指按照《社团登记管理条例》和《民办非企业单位登记管理条例》登记注册的和依法免予注册的社会组织，分为社会团体、民办非企业单位和基金会三种类型。现代意义上的非政府组织则兴起于 19 世纪的欧洲，在 20 世纪 80 年代迅速发展成为一场全球性的"社团革命"。"对 20 世纪后期世界的重要性丝毫不亚于国家民族的兴起对于 19 世纪后期的世界的重要性"。非政府组织的兴起改变了公共物品提供的组织结构，在公共物品的提供上，出现了两种类型的组织：政府与非政府组织，但二者在提供公共物品方面具有明显不同的特征。非政府与企业之间的差别则最主要地表现在是否基于志愿基础、是否以营利为目的以及产品的公私属性上。志愿服务组织是非政府组织的重要类型，是非政府组织的重要组成部分，具备非政府组织的基本特征。

当今时代，因非政府志愿组织具有覆盖范围广、运转方式灵活、组织开展志愿服务组织反应机敏等特点，所以对大学生志愿服务辐射力、影响力和渗透力逐渐加大。当今大学生行为方式多样，参与志愿服务活动动机多元，和非政府志愿组织契合面加大，它也逐渐成为大学生志愿服务活动的重要选择。要想实现社会主义核心价值观通过大学生志愿服务活动对其进行立体化培育，非政府志愿组织成为不可忽视的一支重要力量。因此，开展大学生志愿服务中价值观培育研究，就必须整合非政府志愿服务组织的有效资源，形成机制联动，有效开展大学生志愿服务中价值观培育工作。

整合非政府志愿服务组织资源，首先，将其运行模式和机制与政府主导的大学生志愿服务组织有机联动，实现信息互通，资源共享，保障双方开展大学生志愿服务的信息互通，避免在大学生志愿服务活动起步阶段就信息失衡、步入误区。其次，整合非政府志愿服务组织资源，更要树立其正面、科学的社会形象，详细备案其设立、运行工作，保证其志愿服务活动符合相关法律、法规的要求，

为大学生志愿服务中价值观培育工作提供坚实的机制基础。最后，整合非政府志愿服务组织资源，更要把握社会主义核心价值观贯穿其运转全局，而不是泛泛而谈，更不是机械解读，真正使得它们成为培育和践行社会主义核心价值观的补充平台。

（五）注重过程，实现社会主义核心价值观贯穿全局

大学生志愿服务中价值观培育，具体来说就是积极依托大学生志愿服务这个示范平台进行社会主义核心价值观培育，微观来讲，大学生志愿服务中价值观培育的具体内容是社会主义核心价值观在大学生志愿服务中具体特色呈现的具体内容，即爱国价值观、友善价值观、文明价值观、和谐价值观和公正价值观，从根本上说，我们要实现的就是社会主义核心价值观的部分内容在大学生志愿服务中的具体培育。要想开展大学生志愿服务中价值观培育，最本质的方法应该是将社会主义核心价值观贯穿大学生志愿服务的全局，在大学生志愿服务开始阶段，就需要将社会主义核心价值观的三个倡导讲清楚、弄明白，让大学生深入理解社会主义核心的内在理论内涵和外在表现形式，促使大学生将大学生志愿服务融入社会主义核心价值观培育的进程。坚决杜绝大学生开展志愿服务前对即将开展的社会实践活动含糊不清，对应该秉持的行为动机与理想信念避而不谈等问题。在大学生志愿服务中期，更是需要将社会主义核心价值观贯穿始终，用社会主义核心价值观对大学生志愿服务进行指导，及时矫正大学生志愿服务的行为方向、内生驱动力和相应的理想信念，保证大学生志愿服务活动符合社会主义核心价值观的性质、要求、方向和本质，实现大学生志愿服务的科学性、方向性。在此期间，要抓住重点，将社会主义核心价值观倡导的价值追求、价值目标和价值准则与中国特色的志愿精神剖析清楚，理顺两者之间的内在一致性和内在共通性，保证大学生对志愿服务活动持守的价值观念清晰，以实现对西方多元化价值观的有力抵制。在大学生志愿服务活动的后期，还要将社会主义核心价值观一以贯之。将社会主义核心价值观倡导的价值追求、价值规范具体化为相关大学生志愿服务的目标和细则，以保证大学生志愿服务的过程和目标符合社会主义核心价值观的要求，力求使得社会主义核心价值观在大学生志愿服务中落实到位。同时，可以依据社会主义核心价值观的要求，使得各项要求与大学生志愿服务的绩效考评机制与考核评价机制高度融合，使得大学生志愿服务的目标机制、过程机制与考核考评机制一一贯穿社会主义核心价值观培育和践行过程，从而实现大学生志愿服务真正

成为社会主义核心价值观培育和践行载体，从而避免其成为重形式、轻理论的尴尬处境。只有将社会主义核心价值观始终如一地贯穿大学生志愿服务的始终，才能真正发挥大学生志愿服务对于社会主义核心价值观培育与践行的积极作用，才能真正实现社会主义核心价值观对大学生志愿服务的指导与矫正，才能使得大学生志愿服务全过程、全方位、多角度、深层次地体现社会主义核心价值观的本质要求、内在准则和规范，才能为大学生志愿服务中价值观培育奠定坚实的实践和理论基础。

第四节　大学生志愿服务的育人功能

一、大学生志愿服务育人的含义

大学生志愿服务育人是通过开展志愿服务活动提高志愿者综合素质和实践能力的活动，也是通过志愿服务活动提升受助者境界，使其反哺回馈社会的活动，还是运用志愿服务活动辐射带动其他社会成员自觉服务社会的活动。它是一种从理论到实践、从课堂到社会的动态过程。大学生自愿选择志愿服务，就是要在实践中应用理论和专业知识的实践过程，也是承担更多的社会责任的过程，是弘扬志愿精神的过程。

大学生志愿者通过参加大型赛事、社区服务、帮贫扶困等志愿服务活动，既了解了社会现状和我国国情，又培养了自己的奉献精神和社会责任感。在志愿服务活动过程中，大学生不仅能了解社会，开阔视野，加快社会化进程，还能磨炼意志，形成协作精神、互助意识和社会责任感。这是一个助人与育人有机结合的过程，大学生志愿者在助人的过程中提高了自身的思想素质和实践能力，完善了自我。同时，在大学生志愿者的感化和带动之下，受助者和其他社会成员也投入志愿服务活动中，使他们的境界得到提升。

二、大学生志愿服务育人的特点

大学生志愿服务属于复合型的社会实践活动。它是通过志愿服务活动，对志愿者、服务对象和其他社会成员的思想、能力等方面施加影响，从而达到育人目标的教育过程。因此，它具有以下四个特点：

（一）实践性

实践性是大学生志愿服务育人的基本特征。主要表现在以下两方面：

第一，大学生志愿服务育人行为的实践性。理论教育是通过讲道理、摆事实的方法来说服受教育者遵循社会道德，提高思想水平，把受教育者培养成社会所需要的人。而实践育人则是通过实践者参加实践服务活动，在实践服务活动过程中使实践者和他人的思想、能力、意志等方面受到潜移默化的影响和教育，从而自觉提升境界的教育过程。大学生志愿服务育人是实践育人的重要类型。因为"服务"本身就是一种实践行为和实践过程。它是通过大学生志愿者自愿参加志愿服务实践活动，用自己的知识、劳动、时间为他人提供帮助和服务，在此实践过程中使自己的境界得到提升、能力得到提高、阅历得到丰富、意志得到磨炼等，并在此基础上带动受助者、其他社会成员参与志愿服务活动。因此，大学生志愿服务育人就是使大学生志愿者在实践服务活动中学习，在实践服务活动中认知，在实践服务活动中受到教育，并在实践服务活动中带动他人提高素质。因此，实践服务活动是志愿服务育人的重要方式，没有实践服务活动和实践服务行为就没有志愿服务育人。

第二，大学生志愿服务育人的场域是由实践服务活动构成的社会生活。志愿服务活动把大学生从相对封闭的课堂空间解放出来，使其置身于广泛而生动的社会生活中进行实践服务活动，这本身就是从理论到实践的转换。大学生通过参加服务社会的实践服务活动，感知了解社会，实现了对现实生活的回应，从而促使他们快速融入社会生活。另外，大学生开展志愿服务活动的场所是社会生活领域，而社会生活本身就是一种实践服务活动，社会生活是由各种各样的实践服务活动组成的。大学生通过开展社会实践活动——志愿服务活动，在实践服务活动中受到锻炼和教育，形成良好的人生观和价值观，磨炼意志品质，提升思想境界，增强其社会化进程，同时通过实践服务活动使他人受到感染和教育，进而参加到志愿服务实践活动中。可见，大学生志愿服务育人具有很强的实践性特点。

（二）渗透性

志愿服务育人的价值追求就是在服务活动过程中培育人。因此，渗透性是大学生志愿服务育人的一个重要特征。

第一，环境熏陶。环境在育人过程中起着潜移默化的作用。大学生志愿服务育人是通过开展各种志愿服务活动，如支农支教、社区服务、扶贫帮困、服务大型赛事等，创造一种互助、奉献、服务的教育环境，通过渗透教育的方式方法，使身处其中的志愿者、受助者和旁观者的思想受到潜移默化的熏陶与影响，将志愿服务文化和志愿精神传播开来，深入人们心灵，通过"润物细无声"的熏陶使人们的心灵在无意识中得到净化，思想得到提升，意志得到磨炼，能力得到提高。

第二，媒体感化。网络、广播、报刊、电视等媒体都是传播志愿服务思想的媒介，也是向所有公民进行志愿精神教育的主要渠道。大学生志愿服务育人，不仅通过志愿服务活动创设教育环境，达到环境育人的目的，而且还通过新闻媒体对志愿精神、奉献精神、乐于助人精神进行宣传，如在志愿服务之前，向大学生宣讲志愿服务的精神实质、志愿服务的意义等，激发大学生参加志愿服务活动的积极性和主动性；在志愿服务过程中，进行优秀志愿者的榜样宣传，以鼓励广大志愿者克服困难，做到善始善终；在志愿服务完成之后，对志愿服务活动中涌现出的服务模范进行嘉奖和媒体宣传，发挥志愿服务的辐射带动作用，在全社会营造志愿服务的良好氛围，带动更多的人积极投身到志愿服务队伍中来，自觉帮助他人，奉献社会，从而达到舆论育人的效果。

第三，学校引导。学校在大学生志愿服务育人中起着决定性作用。学校对志愿服务的宣传动员、组织管理、激励引导直接关系着大学生志愿服务的育人效果。由学校的自然环境、人文环境、制度环境、舆论环境组成的校园文化，对大学生的思想品德的养成起到潜移默化的影响和不可估量的作用。在志愿服务文化氛围的熏陶下，学校加强引导，优化组织管理，有意识地对大学生的思想施加影响，增强志愿服务育人的主动性和渗透力，能够最大效能地发挥志愿服务的辐射和带动作用。因此，这就要求上至校长、下至普通教师都增强全员育人意识，共同营造良好的育人氛围，使生活在其中的大学生耳濡目染，沐浴志愿精神和志愿文化，在不知不觉中形成志愿服务的思想和行为习惯。

（三）辐射性

由于志愿服务是在社会生活领域中和社会成员之间进行的，因而大学生志愿服务育人活动具有很强的延展性和辐射性。

自20世纪80年代志愿服务兴起以来，经过30多年的时间，我国大学生志愿服务迅速发展，2008年奥运会达到顶峰。我国大学生志愿服务之所以发展如此迅速，不仅得益于我国政府的高度重视，相关部门的组织推动，信息时代便捷的传播手段，同时还得益于志愿服务育人具有的强辐射功能。由于大学生志愿服务是在社会人群中进行的，是志愿者自愿向受助者提供的无偿帮助和服务，志愿者的无私奉献精神强烈地感染着受助者和旁观者。受助者和旁观者受到感化与教育，也产生了为社会、为他人提供力所能及的帮助的想法，从而积极参与到志愿服务的队伍中，更多的人在志愿服务过程中受到教育和锻炼，志愿精神也不断得到传播和弘扬。在当今社会，志愿服务育人的辐射性特点越来越明显，主要由于以下两个因素助推：

第一，现代媒体宣传工具的应用。多种多样的现代网络传媒被应用到大学生志愿服务的宣传中。比如，媒体采用新闻报道、新闻专题片、人物专访等方式跟踪报道大学生志愿者的生活和工作，并将其拍成纪录片，增加志愿者曝光率；网络、广播、报刊、数字信息化平台的广泛宣传报道，激发和带动了更多人参与到志愿服务中去，并在志愿服务中学习到新知识，磨炼意志品质，锻炼技术能力。

第二，政府机关的重视。党的十七届六中全会从深化文化体制改革、推动社会主义文化大发展大繁荣的战略高度，提出要广泛开展志愿服务活动，壮大文化志愿者队伍。党的十八大报告进一步指出：深化群众性精神文明创建活动，广泛开展志愿服务，推动学雷锋活动、学习宣传道德模范常态化。党的十八届三中全会号召全社会"支持和发展志愿者组织"。党的十八届四中全会决议将志愿服务应用于普法教育，指出应"加强普法讲师团、普法志愿者队伍建设"。党的十九大报告又进一步提出，要"推进诚信建设和志愿服务制度化，强化社会责任意识、规则意识、奉献意识"。2019年10月21日，中国志愿服务研究中心成立，决定将志愿服务相关课题纳入国家社会科学基金。党的十九届四中全会提出了"推进新时代文明实践中心建设"和"健全志愿服务体系"的重大举措。可见，大学生志愿服务得到了政府的高度重视和支持，不仅内容不断丰富，形式逐渐灵活多样，而且形成了一系列常规的、有较强认同感的志愿服务活动，这使参与志愿服务的大学生人数急剧增加，使更多的大学生在志愿服务中受到教育，充分体现了志愿服务育人的辐射性特点。

（四）延续性

自古以来，我国就传承并弘扬着与人为善、助人为乐的志愿精神。而"志愿服务"是从西方舶来的词。中国的志愿服务可以追溯到 20 世纪 60 年代的学雷锋活动（从实质上讲，当时的学雷锋活动就是志愿服务），从那时开始，学雷锋、做好事就在社会上蔚然成风，培育了一大批乐于奉献的人才。20 世纪 80 年代中期，志愿服务在我国悄然兴起。1993 年，在共青团中央的倡导下，大学生志愿服务"西部计划"形成并启动，从而推动了大学生志愿服务迅速发展。在此计划的感召下，在校大学生几乎人人都或多或少地参与过志愿服务，越来越多的大学生因受到志愿者奉献精神和先进事迹的感染而纷纷投入到志愿服务活动中去。在大学校园中，共青团、学生会、学生社团组织都有计划地从大学生中招收志愿者参与志愿服务活动。在此过程中，指导老师或高年级学生将自己在志愿服务活动中形成的服务技能、积累的经验、得到的感悟传授给新的志愿者，许多常规的志愿服务活动也从老的志愿者手中传递到新的志愿者手中，志愿服务就在一届届新老学生交替中不断地传递和延续，充分诠释着志愿者服务育人的延续性。

三、大学生志愿服务育人的类型

大学生志愿服务育人的种类繁多，按照不同的标准有不同的划分方法。比如，志愿服务育人活动，根据育人目的或功能可以分为个人能力提高型、公民意识培养型、道德境界提升型、意志品质磨炼型、情操陶冶型等；根据志愿服务育人活动的性质可以分为义务劳动、扶贫济困、抢险救灾、公益慈善、助弱助残、敬老助老、支教助学、支边戍边、劳动锻炼、支农兴农等；根据志愿服务育人的地域可以分为海内志愿服务育人和海外志愿服务育人；根据志愿者服务形式可以分为正式和非正式的志愿服务育人活动、个人和集体的志愿服务育人活动；等等。从"育人"的角度来看，根据志愿服务育人目的或功能可分为以下五种类型：

（一）个人能力提升型

个人能力提升型志愿服务的主要目的是通过相应的志愿服务活动提高志愿者的实际工作能力、交往能力、合作能力、组织协调能力和应变能力，拓宽学生的视野和思路，其突出特色是专业性强。例如，理工、农林、文史哲以及医学等专业的学生参加与专业相关的支农支教等具有专业性质的志愿服务活动，以此提升学生对专业知识的实际应用能力，同时磨炼大学生的意志品质，增强其团队合作意识。又如，医学院和教育学院的学生深入农村或不发达地区，送医送药，进行义诊活动，参加受灾现场的紧急救援、心理疏导工作；这些工作具有急迫性和专业性。一方面，要求志愿者要有扎实的专业知识，较高的应变能力、协调组织能力、决断能力、心理素质和坚强的意志；另一方面，志愿者在志愿服务活动中使所学专业知识得到应用，实践能力得到提高，意志品质得到磨炼，心理素质得到提升。

（二）公民意识培养型

志愿服务是一种公民参与形式。大学生志愿服务也就是大学生作为公民参与社会活动的方式。公民意识培养型志愿服务育人旨在通过志愿服务活动引导志愿者增强公民意识和社会责任感，使他们意识到作为一个社会公民应该做些什么。如参与环境保护和普法宣传、遵守社会公德、帮助弱势群体等。它不仅能够使大学生了解社会、开阔眼界、提高社会参与能力，还能够唤醒大学生的公民意识，引导他们对自身在社会生活中扮演的角色、发挥的作用进行思考定位。又如大学生志愿者通过参加"学雷锋"等社会公益活动，可以感悟到社会是由一个个社会公民组成的，每个公民都应为社会发展付出努力、做出贡献，而且懂得工作需要很多社会成员的相互协作。只有这样，社会才能进步，民族才能复兴。在此基础上，引导大学生志愿者认识到自己作为社会主义事业的接班人和建设者的历史责任，进而努力学习科学文化知识，积极关注社会发展，为社会发展和民族复兴做出自己应有的贡献。据统计，2010 年上海世界博览会，约 7.2 万名在校大学生遍布全市 1000 多个志愿者服务站，为各国来宾提供了优质服务，这种大规模的志愿服务活动，充分表明了当代大学生公民意识的觉醒，用实际行动告诉人们什么是真正的公民参与。

（三）道德境界提升型

志愿服务活动的精神实质是奉献、友爱、互助、进步，这种精神深刻体现了中华民族的传统美德，反映了社会发展进步的时代要求，是志愿服务活动的内核，是志愿者奉献社会的内在驱动力。道德境界提升型的志愿服务育人旨在通过志愿服务活动引导志愿者自愿和无偿参与志愿服务活动，在服务过程中增强奉献和服务意识，培养高尚的道德情操，使志愿者树立正确的理想信念与人生价值取向。例如，大学生通过参与"三支一扶"、社区服务、环境保护、普法宣传、扶贫救困、帮助他人、社会援助、照顾鳏寡孤独老人等社会公益活动，不仅能够提高其集体意识和社会责任感，而且有利于提高其道德水平和思想觉悟，同时还可以辐射、感染他人，使更多的人心灵得到净化，境界得到提升，逐步养成高尚的道德情操和良好的行为习惯。

（四）意志品质磨炼型

意志品质磨炼型的大学生志愿服务育人是旨在通过参加志愿服务活动磨炼大学生志愿者的意志，培养他们攻坚克难、永不放弃的精神，使其形成坚强的意志品质。它表现为从内到外、从无形意识到有形行动的发展变化过程。在参加志愿服务活动的过程中，志愿者常常会遇到许多自己从未经历过的困难和从未想到过的难题，这就需要他们去认识困难、解决困难、克服困难和战胜困难，以完成志愿服务的任务，实现自己的人生追求。在此过程中，志愿服务活动为大学生意志品质的培养和磨炼提供了实践体验，有助于大学生志愿者形成健康的心态、乐观的生活态度、较强的情绪控制能力、良好的社会适应能力和不达目的永不罢休的意志品质，克服犹豫与懒惰，抑制消极情绪与冲动行为，防止不良人格和负面情绪的形成。

（五）情操陶冶型

情操陶冶型的大学生志愿服务是旨在通过参加志愿服务育人活动陶冶大学生的情操，培养他们美好的情感和道德操守，使他们心灵得到净化，思想境界得到提升，道德情操得到陶冶，形成良好的性情。在志愿服务活动中，大学生用自己的时间、智慧、才能和知识帮助他人，奉献社会，充分阐释着"奉献、互助、进步、友爱"的志愿精神，并努力营造出人与人之间真诚相待、互帮互助的良好社会风气。在这种社会氛围中，一方面，大学生志愿者在帮助他人、奉献社会的过程中感受到了自己的社会价值，获得了自我价值实现的心理满足感；另一方面，在这种人与人之间互助、友爱、和谐相处的氛围中，大学生志愿者的心灵得到净化，思想境界不断提升，道德情操得到陶冶，形成了健全的人格，逐渐成长为中国特色社会主义的合格建设者和可靠接班人，从而充分发挥了大学生志愿服务的育人功能。

四、大学生志愿服务对志愿者的教育功能

（一）了解国情民情和增长社会知识

大学生是青少年中知识较为丰富的群体，是我国社会主义现代化建设的接班人。大学生的主要任务是学习科学文化知识，提高自己的综合素质和实践能力。他们通过课堂教学学到各种科学知识，专业技能不断提高，思想素质得到提升。但是，作为未来社会主义事业的建设者和接班人，大学生只有科学知识和专业技能还远远不够，因为这容易使他们脱离实际，因而大学生还需要深入了解我国国情和社会现实，提高社会实践和人际交往能力。然而，大学生主要生活在校园里，普遍存在社会生活阅历较浅、社会实践经验较少的问题。这就需要大学生在认真学习各种专业理论知识的同时，关注世界形势的变化，关心我国社会发展的动态，通过社会实践，了解国情民意，不断提高社会实践能力，加快社会化进程。而大学生志愿服务作为社会实践的重要方式，在大学生成长成才中发挥着重要的育人作用。它使大学生志愿者通过参加志愿服务活动，深入社会生活，了解国情，把握社会现实，分析社会热点问题，不断开阔视野，增强才干，加快其社会化进程，弥补课堂教学的不足。

1.了解国情民情

大学生志愿者通过广泛参与社区服务、西部开发、大型活动、环境保护、社会管理、文化建设等多种形式的志愿服务活动，深入了解国情、社情和民情，不仅提高了综合素质和实践能力，而且为其融入社会打下了坚实的基础。在志愿服务活动中，大学生志愿者的活动范围遍及全国各地，这使他们有机会接触社会和广大人民群众，使其能够全面了解我国的国情、社情和民情，领略各地的风土人情，亲身体验和感受我国社会主义现代化建设的伟大成就，在此过程中，接受爱国主义和集体主义教育，从而加深对所学书本知识的理解，坚定对我国社会主义建设事业的必胜信念。大学生志愿者的支边支教等服务为当地弱势群体带去温暖，为孩子带去教育，为村民带去帮扶，使边疆地区、革命老区、贫困山区、农村地区的群众感受到社会主义大家庭的温暖，获得发展的动力和支持。同时，大学生

志愿者在服务过程中也会目睹某些地方存在的环境污染、植被破坏等现象，这对当地居民生存环境、日常生活和身体健康带来的不良影响，而因当地群众法律知识缺乏、维权意识不强，他们的合法权益得不到有效保护。大学生志愿者在向当地群众宣传环境保护、法律维权、卫生保健等方面知识的同时，也提高了自己的环境保护意识、遵纪守法意识、社会服务意识等。在不同的志愿服务活动中，大学生志愿者更加全面客观地了解和把握我国的现实国情，对我国社会主义初级阶段面临的困难有更加理性的认识，从而激发他们投身社会主义现代化建设的历史使命感和社会责任感。

因此，面对在文化多样化背景下成长起来的主体意识较强、个性明显的大学生，大学生志愿服务活动克服了课堂理论灌输和机械说教较为枯燥的弊端，使志愿者在生动的志愿服务活动中真实地感受人民群众的生活状况，增进对国情民情的了解，开阔视野，增长才干，努力成长为社会主义现代化建设的合格建设者和可靠接班人。

2.增长社会知识

志愿服务使大学生志愿者走出封闭狭窄的课堂，置身于广阔的社会生活中，在与其他志愿者、服务对象和社会公众的接触交流中，学到许多在课堂上学不到的知识和经验，不断完善和丰富自身的知识结构和社会阅历。

第一，能够增加大学生志愿者的人文地理知识。大学生志愿者常常深入我国的不同民族地区进行志愿服务，他们在服务过程中可以学习到不同民族的地理环境、风土人情、历史传统、民族信仰、生活习惯等方面的知识，增长他们的人文地理知识。例如，北京大学自1995年创立"爱心万里行"志愿服务团队以来，27年里该团队跨越超过了27个省份，足迹几乎遍及全国，在欠发达地区义务支教，开设了经济学、法律、地理、心理、历史、礼仪、天文等课程，在帮助当地居民的同时，也学习到许多当地的人文地理知识和风土人情，提高了志愿者的人文素养。

第二，能够丰富大学生志愿者的生存安全知识。《2015年大学生志愿服务西部计划实施方案》确定投身到国家西部计划的大学生志愿者达到18300人，致力于西部地区基础教育、农业科技、医疗卫生、基层青年工作、基层社会管理、服务新疆、服务西藏等工作。由于西部部分地区地理环境复杂，气候条件恶劣，大学生志愿者在参加志愿服务前必须经过系统的专业安全培训，这使他们增长了自身的生存安全知识，提高了自救和救人的相关技能，保证了他们在恶劣环境下的生命安全，使其更好地投身到西部志愿服务中去。

第三，能够增长大学生志愿者的社会实践知识。作为社会主义建设事业的接班人，大学生不仅要有丰富的理论知识，还要有扎实的社会实践经验。只有这样，他们才能在将来的社会主义建设中将理论与实践有机结合，在社会实践中实现创新。而大学生志愿服务为志愿者了解社会、获取社会实践知识和经验搭建起了良好的平台。

（二）获得服务经验和提高个人能力

随着改革开放的深入和文化多样化的不断发展，大学生志愿服务从无到有、从小到大，志愿服务理念在全社会得到了广泛传播，参与志愿服务逐渐成为新的社会风尚。进入 21 世纪以来，大学生志愿服务活动领域不断扩展，在国家政治活动和社会重大活动中都发挥了积极的推动作用。在参加不同形式的志愿服务活动中，大学生志愿者积累了各种服务经验，服务水平不断提高，逐渐具备了在志愿服务中应对各种复杂情况的能力。与此同时，大学生志愿者也积极利用志愿服务这一平台，实现了理论知识到实践技能的转化，个人能力也在服务实践中逐步提高。

1.获得丰富的服务经验

"纸上得来终觉浅，绝知此事要躬行。"从书本上获得的知识毕竟比较肤浅，要透彻地认识事物，需要亲自进行实践。人们从幼年到成年的过程，既是身体成长、发育成熟的过程，也是学习科学文化知识、增加知识储备的过程，还是适应社会环境、增加社会阅历的过程，从懵懂无知到世事练达，需要几十年的磨合与锻炼，不断从社会中获得经验与教训。从小学、中学到大学，大学生获得了较为丰富的科学文化知识，但是，与其他社会上的同龄人相比，其经历的社会事务少，社会经验欠缺。大学生要想把停留在感性层面的书本知识变成自己实际掌握的本领，就需要躬行实践。大学生要参加到实际工作中去，将所学知识应用到实际生活中，在自己的亲身实践中接受锻炼。

志愿服务为大学生投身实践提供了良好的机会，是大学生参加社会实践活动的重要形式之一。大学生志愿者在志愿服务活动中逐渐知晓志愿服务项目的策划与设计、志愿团队的组建、志愿服务项目的组织实施、志愿服务项目的评估反馈等志愿服务开展的程序，逐步了解志愿服务活动组织运行的整个流程。近年来，大学生参加各种大型赛会志愿服务的人数日益增多，志愿者在圆满完成志愿服务任务的同时，积累了大量宝贵的志愿服务经验。在这些赛会期间，大学生志愿者承担了各种各样的工作任务，如清扫比赛场地、提供各种后勤服务、为社会公众提供相关赛事知识、担任赛会翻译、维持现场秩序等，他们的辛勤付出是赛会得以正常进行的重要条件。在志愿服务中，大学生志愿者逐渐熟悉了服务的各种相关事务，获得了丰富的志愿服务经验，也积累了其他方面的社会生活经验，丰富了自己的人生阅历。同时，大学生志愿者通过赛会期间与各国人员的接触，了解到世界各国的民族文化、价值观念、风俗人情、社会现状、发展变化等，在不断提高自身志愿服务经验的同时，对世界各国的政治、经济、文化等有了新的认识。

2.提高个人实践能力

《中华人民共和国高等教育法》明确规定，高等教育的任务是培养具有创新精神和实践能力的高级专门人才，这为高校人才培养工作指明了方向。因此，我国高校培养的人才应该既要具有扎实的专业知识，又要具有较强的实践能力。大学生在高校课堂中学习了丰富的专业理论知识，具备了较高的知识素养。然而这只是一种潜在的能力，要把这种潜在的能力转换为现实技能，就需要把知识应用到实际工作中，把知识优势转化为解决问题的实际能力。因此，实践是大学生健康成才的必修课，是我国高等教育发展不可或缺的组成部分。

志愿服务活动既是大学生志愿者运用所学知识为服务对象提供帮助的过程，也是锻炼和提高自己能力的过程。大学生志愿者通过参加志愿服务活动，将所学知识运用到实践中，促进了知识向能力的转化，提高了自身的实践能力，激发了个人潜能。志愿服务的形式多种多样，对大学生产生的锻炼作用是不同的，即便在同一项志愿服务活动中，由于每个人承担的任务不同，志愿服务对大学生志愿者能力的锻炼和提高也会有所不同。具体来说，志愿服务活动对大学生志愿者个人能力的提高表现在以下三个方面：

第一，志愿服务活动可以提高大学生志愿者的认知能力。认知能力是指人们对事物的构成、特征、发展动力、与他物的关系以及基本规律的把握能力。志愿服务活动是一个知行合一的学习过程，在这个过程中，可以提高大学生志愿者自我认知和认识社会的能力。在通常情况下，志愿者从事的服务工作都是以前没有做过的。面对新情况和新问题，他们将所学的知识设法运用到服务实践中，学会对失败进行科学合理的归因，逐渐认识到自身的知识水平、意志信念、品格缺陷等，通过在实践中不断反思来认识提高自己。同时，大学生志愿者通过近距离地接触社会，深刻地认识社会，理性地看待和分析各种社会现象及社会问题，从而更好地把握是非、善恶的标准，提高他们认识社会的能力。

第二，志愿服务活动可以提高大学生志愿者的工作胜任能力。工作胜任能力包含多个方面，如在志愿服务活动中对服务程序的设计、行动方案的组织策划能力，自主管理志愿服务活动的管理能力，按照一定服务计划组织实施的执行能力，活动结束后的评估总结能力等。

大型志愿服务活动对志愿者能力的提升效果尤为明显。北京奥运会中，志愿服务活动共分为赛会志愿者项目、前期志愿者项目、城市志愿者项目、社会志愿者项目、"迎奥运"志愿服务项目、志愿者成果转化项目和"微笑北京"主题活动，每个项目都需要志愿者根据所参加活动的主题展开服务，每一个服务环节对志愿者的要求都非常高，志愿者需要认真准备，努力克服遇到的各种困难以达到服务岗位的要求，在这个过程中，大学生志愿者的工作胜任能力得到了很大提高。

第三，志愿服务活动可以提高大学生志愿者的应急能力。志愿服务活动形式多样，每一种活动都有可能面临不同形式的风险。因此，应急能力成为大学生志愿者必须具备的能力。例如，大学生志愿者在帮助灾区人民抗震救灾的志愿服务过程中，为了保护服务对象与自身的安全，就必须掌握一些急救措施，具备一定的应急安全防范能力，以协助医护人员进行包扎、急救等工作，这使他们具备了一定的医疗护理能力；同时，对心灵受到创伤的服务对象进行相应的心理疏导，使大学生志愿者具备了一定的心理疏导能力。这些都有助于培养志愿者自己应对突如其来灾难的能力。

通过参加各种社会志愿服务活动，使大学生志愿者不断积累成功的经验和失败的教训，发现自身的缺点与不足，从而不断学习，努力实践，提高个人的实践能力和综合素质。这对加快大学生志愿者的社会化进程和提高其就业创业能力都具有重要作用。

（三）养成奉献精神和乐于助人品德

大学生处于世界观、人生观和价值观形成的重要时期，具有很强的可塑性。志愿服务的本质特征是无私奉献和乐于助人，大学生志愿者在参加志愿服务的过程中受到感染和教育，能够逐渐养成无私奉献的精神和乐于助人的品德。

1.养成奉献精神

从含义上看，志愿服务是指人们自愿无偿奉献自己的时间及精力，为推动人类发展、社会进步而提供的服务。志愿精神包括"奉献、友爱、互助、进步"四个方面的内容。其中，奉献处于首要地位，是志愿精神的精髓。奉献精神是指对某种事业的全身心投入，并且对这种事业的付出不计回报。没有自愿奉献，就谈不上志愿服务。正因为如此，志愿服务才具有自愿性、无偿性、利他性的特征。大学生志愿者在参加志愿服务过程中逐渐被身边其他志愿者的无私奉献精神所感染，在服务他人的过程中逐渐体会到自我价值实现带来的快感，领悟到志愿精神的精髓，从而逐渐养成了无私奉献的精神和乐于助人的品德。在志愿服务过程中，大学生志愿者以自己默默付出的实际行动诠释了志愿服务甘于奉献的理念，也从中领悟到奉献是成就一番事业必不可少的条件。这种思想领悟在以后的志愿服务及其他社会活动中经过多次反复、不断强化之后，逐渐形成乐于奉献的精神和健康向上的生活习惯。

2.养成乐于助人的优良品德

志愿服务的迅速发展，使人们对志愿服务的认知程度不断提高，志愿服务不但促进了我国公益事业的发展和社会的进步，也促进了公民道德素养的提升。大学生是志愿服务的积极倡导者和主要参与者。随着大学生对志愿服务参与程度的提高，大学生志愿服务成为高校思想品德教育的重要形式之一。

从本质上说，志愿服务是一种助人的行为。大学生在产生助人的行为之前，首先在于内心动机的形成和道德品质的提高，志愿服务为大学生提供了道德实践的机会，是培养大学生良好道德品质的有效载体。通过引导大学生积极地投身到帮助他人的志愿服务中，使他们不断地进行情感体验和提高思想认识，在潜移默化、耳濡目染中受到教育，进一步强化其服务意识和奉献精神，逐步养成乐于助人的优良品德。

（四）增强挫折承受力和磨炼意志品质

从个人的层面来说，具有坚强的抗挫折能力和坚定的意志品质是创业的必要条件之一。若是遇到困难就胆怯，遭受失败就气馁，受到打击就放弃，经受不起挫折和磨难的考验，是很难担当重任和有所作为的。当代大学生大多出生于20

世纪末和21世纪初，大多数生活在相对安逸的环境中，从小受到父母无微不至的照顾，几乎没有经受过任何坎坷。相对优越的环境和父母的过分保护导致大学生的独立性相对较差，心理承受能力不强，缺乏坚定的恒心和顽强的意志，无法形成自觉承担责任的意识，这些都不利于大学生的健康成长和成才。

我国志愿服务目前涉及经济、文化、社会、教育、环境等多个领域。不同形式的志愿服务活动会给大学生志愿者带来不同的经历和考验。在这个过程中，大学生志愿者难免会遇到意想不到的挫折和失败，要完成志愿服务任务，就必须要克服各种困难和挫折，不断提高自身的挫折承受能力。因此，大学生志愿服务活动既是一个增长社会实践能力和经验的过程，又是一个引导大学生敢于面对失败和挫折、增强心理承受力的过程。

（五）培养协作精神和人际交往能力

在科技高度发达、跨文化交际日益频繁的当今社会，许多工作都需要很多人的团结协作才能完成。志愿服务作为一种群体性活动，大多数服务工作都需要多人共同参与，相互协作。志愿服务的这种群体性特质，有利于培养大学生志愿者的协作精神和人际交往能力。

现代志愿服务活动的开展大多依靠团队进行，团队成员配合程度与协作能力的高低直接关系到志愿服务任务完成的效率和质量。这就要求大学生志愿者在志愿服务活动中既要有分工，又要互相协作，通过彼此的支持和帮助，共同寻找解决问题的办法，完成服务任务。通过参加志愿服务活动，大学生志愿者逐渐认识到完成志愿服务任务需要依靠全体志愿者的努力，只有将众人的力量汇聚起来，发挥各自的特长优势，才能够达到"1+1>2"的效果。这有助于大学生志愿者克服"自我为中心"等不良思想倾向，逐渐形成大局观念和协作精神。

志愿服务具有的自愿性、参与性、开放性特点，为大学生志愿者培养人际交往能力提供了有效的平台。在大多数情况下，志愿服务活动都是团队项目，需要成员之间相互配合、各司其职。大学生在志愿服务活动中既要面对不同生活背景和年龄阶段的服务对象，又要与来自不同院校、不同城市甚至不同省区的志愿者共同参与服务活动，同时还要与具有不同性格特征、不同风俗习惯的社会各界人士打交道，这对他们的社会交往能力提出了挑战。对于服务对象，大学生志愿者需要用恰当的方式消除服务对象的戒备心理，赢得对方的信任，找到开展服务的切入点，在彼此的配合中开展好志愿服务工作。这对于许多原本腼腆、沉默的大学生志愿者来说是一种很好的锻炼。对于志愿者成员之间，他们通过工作中的相互配合和交流，逐渐了解彼此性格和行为习惯，当出现意见相左或行为不一致的情况时，也能通过互相沟通和彼此包容，在协商中共同完成志愿任务。与此同时，志愿者还需要同政府部门、其他社会组织等不同群体打交道。在与不同社会群体交往的过程中，大学生志愿者能够学到人际交往技巧、文明礼仪知识等，从而提高自身的语言表达能力和人际交往能力。

五、大学生志愿服务对受助者的教育功能

（一）唤醒服务和反哺社会意识

近年来，越来越多的国内公益组织、团体以及社会公众参加志愿服务活动，大学生更是志愿服务的主力军。随着志愿服务的不断发展，越来越多的志愿服务对象，即受助者，在从志愿服务中受益后又反过来回报和反哺社会，参加到志愿服务队伍中。服务对象是志愿服务的直接受惠者，他们对社会弱势群体的困难和无奈有深切的体会，因而对志愿服务的重要性和紧迫性感受更深，更易于对志愿服务产生认同感。在通过接受帮助解决自身困难之后，他们容易产生"滴水之恩，涌泉相报"的感恩意识和奉献意识，他们也会投入到关心他人、奉献社会的志愿活动中，力所能及地回馈社会和帮助他人。

（二）强化社会认同感和归属感

大学生志愿服务为社会弱势群体提供无偿的服务，体现出一种人道主义的关怀。这种关怀温暖了弱势群体的心灵，使他们在基本生活需求得到满足之外，更感受到来自社会的关爱，体验到社会大家庭的温暖，满足了他们被尊重的需要，从而激发出对社会的热爱之情。如大学生志愿者组织通过对弱势群体的援助，使他们了解到政府和社会在改善弱势群体生活方面做出的多种努力，体会到了国家对他们的关怀和照顾。

（三）增强社会责任感和奉献意识

社会责任意识是指社会群体或个人在一定社会历史条件下形成的、为了建立美好社会而承担相应责任、履行各种义务的自律意识和人格素质。从德育方面来说，它是指个体对自己在社会和自我发展中所承担责任的意识，是对自己道德行

为是否满足道德需要而产生的情感体验。个人的责任意识反映的是个人的价值问题，即社会对个人的尊重和满足，以及个人对社会的职责和贡献。它是社会责任感形成的前提条件，在日常生活中，人们正是对社会具有了深刻的认识，并将这种认识内化为情感（责任感），进而才表现在行为上。

在志愿服务中，大学生志愿者为他人和社会提供帮助和服务，既体现了志愿者身上无私奉献的精神，也体现了其社会责任感。大学生参加扶贫开发、社区建设、环境保护、大型赛会、应急救助等志愿服务活动，为我国贫困地区的人送去教育和科技，帮助老弱病残提高生活质量，为体育赛事的正常进行不懈努力，给地震灾民提供救助，为改善我国生态环境而四处奔波，这种对家事、国事、天下事的关心和参与，正是其较强社会责任感的具体表现。同时，大学生志愿者的服务行为使服务对象也深深体会到他们所具有的强烈社会责任感。俗话说，"将心比心，推己及人""人人为我，我为人人"。服务对象被志愿者乐于助人、无私奉献的高尚品质所感染，从而也积极地关注国家和社会公共事业的发展，唤起自己对社会的责任意识，进而勇于承担起更多的社会责任。也就是说，某项志愿活动中的受助者在渡过难关后，也会转变成为敢于承担责任的志愿者。

（四）推动融入社会和扩大社交圈子

在大学生志愿服务活动中，志愿者主动为社会中的弱势群体排忧解难，架起了服务对象与其他人员和群体交流的桥梁，志愿者对服务对象亲切的关怀和鼓励，是社会成员享有平等权利的体现，能够帮助服务对象减轻甚至消除对他人和社会的疏离感，使他们获得心灵上的慰藉，跨越社会交往的障碍，加强与社会的交流，扩大自己的社会交往圈。在志愿服务活动中，大学生志愿者也培养了服务对象与他人交往的主动性，增强了他们人际交往的能力，有效地树立起服务对象的自尊心和自信心，使他们重拾对生活的热爱和希望，帮助其积极主动地与他人交往，进而融入社会中。大学生志愿服务活动对不同弱势群体进行志愿帮扶，协助他们扩展社交圈，丰富对自然和社会的认识，增强其对社会的信任，使他们以积极的态度参与社会生活，主动融入社会，扩大自己社会交往的范围。

（五）提高知识素养和生产生活能力

大学生志愿服务可以分为专业化服务和非专业化服务。非专业化服务是指技术含量较低的一般性服务，如大型活动中的指引道路、后勤保障等服务。专业化服务是指具有某项专业知识技能或专业资质的人士提供的服务，如翻译、义诊、支教、法律援助、维修等服务。大学生在高校学习科学文化知识，具有一定的专业知识和技能，经过志愿服务培训，会成为综合素质比较高的专业性志愿者。在选择志愿服务项目的时候，很多大学生志愿者喜欢选择与自己所学专业相近的志愿服务项目，以便在服务活动中运用自己的专业知识和特长，提高服务质量，更好地完成志愿服务工作。

大学生志愿者在开展志愿服务尤其是开展一些专业性较强的服务时，利用自己的专业知识帮助服务对象，同时将自身的专业知识传授给服务对象，使受助者也学到许多专业知识，提高了知识素养和生产生活能力。可见，志愿服务的过程实际上也是知识传授的过程。例如，大学生志愿者在科技下乡活动中向农民传授专业化种植、养殖等方面的知识，使农民掌握了现代农业科学知识，从而不断增强他们提高经济效益的能力。

六、大学生志愿服务对其他社会成员的教育功能

大学生志愿服务对其他社会成员的教育功能是指大学生通过志愿服务行为，在社会中营造良好的志愿服务氛围，从而实现对直接的旁观者、间接的旁观者以及受这种社会氛围影响的其他社会成员的教育功能。在志愿服务中，大学生志愿者以独特的方式展现了当代大学生的精神风貌，成为社会上一道亮丽的风景线。他们以其实际行动诠释了无私奉献的志愿精神，在社会上传递着正能量，树立起良好的社会榜样，对其他社会成员产生了强大的辐射和带动作用，使他们从中受到启迪和教育，增强了其服务意识和奉献意识，提高了其社会责任感和信任度，从而有助于营造和谐文明、积极向上的社会氛围。大学生志愿服务对其他社会成员具有以下教育功能：

（一）强化志愿服务文化认同感

从狭义上说，文化是人们在实践活动中所创造的精神财富的总和。文化包含思想观念、价值理念、思维方式等方面的内容。志愿服务文化属于价值理念层面的范畴，它是以人们对美好生活的追求为基础，在长时间践行志愿服务的过程中形成的，志愿服务文化实际上是属于一种社会心理和行为模式，它以注重社会责

任、强化社会公平、促进人类发展为价值追求，以自愿和奉献作为核心精神，对于志愿服务活动的开展来说，志愿服务文化有着十分重要的指导意义。志愿者群体是志愿服务文化的根基，志愿服务文化也正是在志愿者进行服务的过程中慢慢形成和发展的。另外，志愿服务文化特殊的发展过程，使其具有创造性和自觉性的特征，所以，志愿服务文化又反向作用于志愿者，使他们在实践过程中慢慢理解、接受志愿服务的理念，从而自觉承担起传承志愿文化的责任。总之，结合时代背景，加强对志愿服务文化的完善和弘扬，对于普及志愿服务精神，强化服务和奉献理念，提升社会成员对志愿文化的认同感，都有着重要的价值。

大学生是社会志愿服务群体的重要构成元素，在完善志愿服务文化、拓展志愿服务形式等方面，他们可以发挥更加重要的作用。大学生志愿服务的开展，使志愿服务理念得到了广泛的传扬，使得其他社会成员对志愿服务文化产生更深的理解，并产生认同感。具体表现在以下三个方面：

第一，提高了全社会对志愿服务文化的思想认识。随着大学生志愿服务在社会治理中作用的不断发挥，人们对志愿服务的认识逐步提高，各种志愿者组织如雨后春笋般发展壮大。政府和社会组织开始重视新闻媒体传播社会主流价值观的主渠道作用，通过形式多样的文艺作品和丰富多彩的文化活动，大力宣传志愿服务的进展和成效，充分发挥着志愿服务精神的育人功能，在社会经济发展的各个领域、各个层面都提倡志愿服务，促进全体社会成员对志愿服务的全面认识，形成了有利于志愿服务文化形成和发展的良好文化生态。

第二，深化了全社会对志愿服务文化内涵的理解。由于公众对志愿服务文化的内涵与功能的认识过于简单化和片面化，部分人认为志愿服务活动是富人或者闲人才会参与的事情，因而导致志愿服务活动社会参与度不高。同时，目前的志愿服务大多局限于扶贫救困、大型赛会活动、支农支教等，社会认同度较低。随着社会的发展，大学生志愿服务也不断推陈出新，开始面向全体社会成员提供服务，开拓出社区服务、国际救援、关爱空巢老人、关注母亲健康等新形式，与广大群众日常生活紧密相关，调动了不同年龄段、不同社会阶层的人参与到志愿服务中来，使其他社会成员充分认识和理解了志愿服务文化的深刻内涵，不仅丰富了志愿服务的形式，而且使志愿服务向全民参与转变。

第三，提升了全社会对志愿服务文化服务理念的认知。由于我国志愿服务活动传承于早期的学雷锋活动，因此，志愿服务活动被人们认为是一种献爱心、施舍式的善行，而在大学生志愿服务的感染和带动下，广大其他社会成员逐渐认识到志愿服务活动是公民精神和公民责任的体现，因而自觉进行自我教育和践行，从而提高了整个社会的道德水平，使"讲道德、遵道德、守道德"逐渐成为他们的基本生活方式。同时，大学生志愿服务带动其他社会成员参与志愿服务活动，也激发了广大社会成员对整个社会志愿服务体制和服务理念的反思，引导他们主动把志愿服务当成自己日常生活和工作的一部分，从而促进我国志愿服务文化的形成和发展。

（二）激发争做道德模范积极性

道德品质是一定社会的道德原则和规范在个人思想与行为中的体现和凝结，是一个人在一系列道德行为中表现出来的比较稳定的特征和倾向，同时又是一个人在处理自己和他人以及社会、集体之间利益关系时所形成的道德行为习惯。它的形成既离不开道德主体自身道德认识的提高、道德意志的锻炼和道德习惯的养成，也离不开一定社会实践和宣传教育的熏陶，是道德主体内在心理要素和外在激励要素的统一。它是在一定社会道德氛围影响下将外在的社会道德共识内化为个体的道德意识，进而将个体意识转化为道德实践的过程。因而一个人的道德品质需要长期的教育和灌输，整个社会的道德风气也需要精心的培育和营造。从倡导"五讲四美三热爱"到开展"讲文明、树新风"活动，从颁布《公民道德建设实施纲要》到提出树立社会主义荣辱观，从群众性精神文明创建活动的普遍开展到"道德模范"的评选表彰……改革开放四十年来，我国道德建设的脚步从未停歇，从而也涌现出了一大批社会道德模范，产生了巨大的社会效应。

道德模范是指凝聚了特定历史时期人们的共同理想追求，具有较高的道德境界，因而能够对他人具有教化作用的人格典范。它充分体现了一个时代的文化理想和人生追求，同时又能影响和带动大众，对于提高整个民族的思想道德素质起着重要作用。不同类型的道德模范集聚了社会所提倡的个人品德、家庭美德和社会公德，凝结了社会所提倡的核心价值观。通过对先进模范人物的宣传，可以在社会上树立起标杆和旗帜，为整个社会尤其是青年学生提供积极向上的价值追求和精神导向。

大学生志愿服务所提倡的"奉献、友爱、互助、进步"价值理念唤起了全社会对公益事业的关心和对服务社会的热心，与社会道德所倡导的自强不息、见义勇为、尊老爱幼、勇于担当的精神内涵是一致的。2012 年 3 月，中共中央办公厅印发《关于深入开展学习雷锋活动的意见》，将社会志愿服务作为新形势下学雷锋活动的重要载体，把志愿服务活动看成新时期以雷锋同志为榜样的发展和延伸，同时将雷锋精神与志愿精神相融合，推动学雷锋活动常态化、机制化，形成弘扬雷锋精神、争当先进模范的生动局面。从这个意义上来说，大学生志愿服务既是对中华传统美德的弘扬和继承，又体现了社会主义思想道德建设的基本要求。因此，大学生志愿服务中蕴含和呈现的无私奉献、乐于助人的精神会极大地感染和带动周围社会成员加入志愿服务的行列中来，他们在各行各业充分发挥模范带头作用，并且争做社会道德模范，从而促进了整个社会风气的改善。具体来说，其带动作用主要表现在以下三个方面：

第一，在社会成员道德规范内化过程中起到了桥梁作用。道德榜样具有直观性和可视性，当人们在接受一定道德规范的教育熏陶以后，如果在现实生活中有相应人物为榜样，学习者的头脑中就会形成相关的道德表象，进而将其内化为稳定的人格心理定式，形成持久的道德品质。在大学生志愿服务中涌现出像徐本禹等一大批榜样人物，他们通过默默付出、无私奉献，为整个社会树立了榜样。其他社会成员通过学习榜样的感人事迹，将志愿精神内化于心、外化于行，提高自身的道德素质。

第二，有助于全体社会成员的人格优化。榜样对个体人格具有很大的感召力。大学生志愿者在各种志愿服务活动中展现出的非凡人格魅力，为广大其他社会成员提供了现实的道德典范，具有很强的感召力和凝聚力。如在汶川和玉树抗震救灾中，涌现出了众多青年志愿者模范人物，他们不怕牺牲、勇往直前，通过自己的行动感染着周围的人，在振奋精神和凝聚人心方面起到了很好的带头作用，有利于推动其他社会成员的人格优化，促使他们积极争做道德典范。

第三，有利于在全社会树立正确的道德评价标准。在文化多样化不断发展的今天，道德榜样为人们提供了学习标杆和精神坐标，为整个社会的道德实践提供了现实的道德评价标准。大学生志愿服务涉及扶贫济困、扶老助残、应急救援、环境保护等方方面面，每一个领域的模范志愿者都为其他社会成员提供了道德范式，指引人们进行褒善贬恶的道德评判，促使人们见贤思齐、择善而从，人人争做道德模范。

（三）增强社会责任担当意识

在文化多样化不断发展的今天，我们需要构建起以社会主义核心价值观为统领的现代思想道德观念。志愿服务是传统美德与现代文明的融合，既传承了我国传统文化中的精华，又是近代西方慈善制度发展的结果，是现代国家文明程度的重要标志，对于促进社会主义精神文明建设具有重要作用，也对辐射带动广大社会成员、增强他们的社会担当具有重要作用。2008年10月，中央精神文明建设委员会在《关于深入开展志愿服务活动的意见》中也指出，应广泛普及志愿服务理念，大力弘扬志愿精神，不断提高全社会的思想道德素质，努力形成良好的社会风尚和融洽的人际关系。

在我国志愿服务的发展过程中，大学生是志愿服务的积极参加者，也是我国志愿服务的中坚力量。大学生志愿者在志愿服务活动中贡献个人的时间和精力，自愿、无偿地服务他人，在帮助被救助者的同时，也在宣扬"助人为乐，无私奉献"的道德理念和敢于担当的社会责任感。他们通过身体力行的榜样作用，一方面传递着助人奉献的爱心，另一方面激发着其他社会成员的正义感和勇于担当的社会责任感，让他们受到大学生志愿服务潜移默化的影响，自觉地参加到社会公益活动中，自觉承担公民应尽的责任和义务，为社会做好事、献爱心。这种关爱行动可以强化社会凝聚力，使整个社会更加团结，使公民的道德素质和社会文明程度不断提高。无数事实证明，无论是在扶助弱势群体、承担社会责任方面，还是在辐射带动其他社会成员提高自身社会担当方面，大学生志愿服务的积极作用都是极为明显的。华中农业大学"本禹志愿服务队"是以曾经就读于这所大学的"感动中国"2004年度人物、中国十大杰出青年、中国十大杰出志愿者徐本禹名字命名的一支志愿服务团队。这个团队在徐本禹的感召下，众多志愿者认识到自身担负的社会责任，自觉担当的意识不断增强，涌现出了"用我的声音做你的眼睛"的志愿者鞠彬彬、"舍己救人英雄大学生"张瑜、献身支教的赵福兵等一些先进模范人物。与此相类似的还有"郭明义爱心团队""南京青奥会志愿者"等。

曾经被重庆市妇联追授为"最美乡村女教师"的曹瑾出生在一个普通农民的家庭，2010年大学毕业后，她放弃了在重庆发展的好机会，来到了大山深处的平河乡平河小学支教。为了不耽误自己所带的34名六年级学生毕业，她带病坚持工作60多天，并于2011年8月26日医治无效去世。在曹瑾去世之后，学校的孩子又陷入了没有老师教管的境地。就在这时，曹瑾的弟弟曹朝在姐姐精神的感召下，勇敢地承担起这份责任，毅然接过支教的接力棒，成为一名支教的实习老师。他表示，一定会像自己的姐姐那样，敢于担当，努力工作，为乡村的教育事业贡献自己的力量。大学生志愿服务有力地推动了社会公益事业的发展和社会进步，弘扬了"奉献、友爱、互助、进步"的志愿服务理念，产生了强大的道德辐射和整合作用，引导广大社会成员主动承担社会责任，积极为社会奉献力量，营造出"人人为我，我为人人"的社会氛围，培育出文明、和谐的社会风尚。

（四）培育团结互助友爱精神

互助精神主要表现为人与人之间的相互帮助和支持，它既是中华民族传统美德的弘扬，又是社会主义人道主义精神的彰显。大学生志愿服务是自愿地、无偿地为他人和社会提供服务，他们在服务行动中蕴含的互助精神和服务意识对其他社会成员也会产生积极影响，促使他们逐渐形成互相帮助和互相关怀的意识，主动投身到服务他人、奉献社会的队伍中，对推动我国的社会主义精神文明建设具有重要意义。

进入 21 世纪以来，大学生志愿服务的形式不断丰富，参加人数逐渐增加。大学生志愿服务行为是有形的，而其背后以无形、隐性的方式向人们传递着互助和奉献的精神，体现出作为一个社会成员对人的生命、尊严、价值的尊重和关切。社会是一个整体，生活在社会中的个人不可能孤立地存在，都需要他人或社会的关心和帮助，全体社会成员都应该树立起服务意识和互助精神，尽其所能，为他人和社会提供力所能及的服务。在志愿服务中，大学生志愿者不仅是互助精神的践行者，更是互助理念的宣传者，通过志愿服务宣传唤起其他社会成员对公益事业的关心和对帮助他人的热心，增强他们的全民服务意识和互助精神。如内蒙古工业大学毕业生王鉴是一位杰出的志愿者，他大学刚入学时就开始参与志愿服务工作，起初是与义工老师一起当志愿者，负责维护校园和小区内的环境卫生。大学三年级时，他除继续为大学生做一些义务服务之外，开始深入学习中华优秀的传统文化，对奉献社会有了更深层次的认识和研究。随后，不少老师和学院请他去做励志演讲，他的事迹也被《内蒙古商报》报道过。而后他参加的活动越来越多，影响力也越来越大，在他的影响带动下，报名做志愿者的人数有 4000 多人。

近年来，我国社会各阶层成员对志愿服务的认识不断提高，参与热情不断高涨，越来越积极地参与各种形式的志愿服务活动，这充分说明我国公民团结互助和勇于奉献精神的不断增强。如 2016 年 3 月，广东省组织了以"践行价值观南粤志愿行"为主题的学雷锋全民志愿服务行动的活动，该活动组织全省 68 个县（市、区）进行加强全民志愿服务基础建设的"益苗计划"活动，在全省扶持了约 60 个省、市级志愿服务骨干组织，提升了约 120 个县级志愿者组织，号召广大社会成员积极参与到志愿服务和互帮互助的队伍中来。其中，佛山市禅城区石湾镇的万名志愿者服务村居活动就是一个杰出的代表。该镇在注重志愿服务定点定时常态化的同时，十分注重全方位培养青少年的奉献精神和服务意识，逐渐形成了"家庭、学校、社会、政府""四位一体"的未成年人思想道德建设网络。如今石湾志愿服务领域已涵盖公共文明、文化体育、法律医疗、环境保护等方面，还打造出了"红卫社区爱心学堂""丽豪社区志愿服务集市"等一大批志愿服务品牌，为辖区市民提供免费服务，在传递爱心的同时也传播了文明。

（五）提高人际信任度

改革开放以来，我国经济社会发展迅速，综合国力不断增强，人民的生活水平显著提高。2006 年，党的十六届六中全会通过的《中共中央关于构建社会主义和谐社会若干重大问题的决定》要求：以相互关爱、服务社会为主题，深入开展城乡社会志愿服务活动，建立与政府服务、市场服务相衔接的社会志愿服务体系。由此将志愿服务活动纳入社会主义社会建设之中，通过积极倡导志愿精神来营造和谐、友爱、互助的社会氛围，充分发挥志愿服务对缓和社会关系、化解社会矛盾所起到的润滑剂作用。

志愿服务的精神之一是友爱。它提倡志愿者欣赏他人、与人为善、有爱无碍、平等尊重。大学生开展志愿服务的形式虽然多种多样，但是任何一种志愿服务都关注人的生存和发展，志愿者关心人、爱护人、尊重人的行为体现了人道主义精神，展现出"大爱无疆"的博大情怀，是没有职业和贫富差距、没有文化差异和民族之分、没有收入高低区别的平等之爱。志愿服务作为一个强有力的纽带，能够把广大社会成员联系起来，减少人们之间的疏远感和不信任感。大学生志愿服务为不同社会阶层和群体的社会成员创造了相互接触的机会，促进了人与人之间的交流和沟通，有助于加深社会不同阶层之间的理解，拉近了他们之间的心理距离，消除了彼此之间的冷漠和隔阂，增进了彼此之间的相互信任。通过参加志愿服务，大学生志愿者发挥了社会"黏合剂"的作用，溶解了其他社会成员之间的矛盾，增强了弱势群体对社会的归属感，使人们之间的关系更加密切，在个人与个人之间、群体与群体之间、群体与个人之间架起了联系和沟通的桥梁，使社会关系更加融洽，增强了整个社会的凝聚力，有力地提升了社会的文明、和谐程度。当前，由于传统的政府和社会治理体制已经无法解决所有的社会矛盾和问题，而志愿者组织作为社会治理中的重要组织，可以弥补当前我国因社会保障不健全所带来的许多问题。因此，大学生志愿服务活动还增进了其他社会成员对政府的了解，提高了社会成员与政府之间的信任度，从而在一定程度上缓解了阶层之间的矛盾和社会冲突。

第三章　大学生志愿服务的项目内容

大学生志愿服务项目内容包含各个方面，本章就从比较常见的项目进行介绍，包括社区专项志愿服务、大型赛会志愿服务、文明宣传志愿服务、社会民生志愿服务，并增加案例介绍加以说明。

第一节　社区专项志愿服务

一、社区志愿服务的基本知识

（一）社区志愿服务的界定

所谓社区志愿服务，指的是一种行为，其出发点是为个人或不同类型人群解决与社区相关的问题，促进社区发展进步。其特点是具有自愿性，志愿者自愿为解决社区问题而奉献出自己的时间和心血。社区专项主要通过摸排社区群众需求、梳理社区内志愿服务资源，将需求与资源进行结对匹配，向社区内的空巢老人、残疾青少年、低保户和低保边缘户中的农村留守儿童及新居民未成年子女、服刑人员未成年子女等重点群体提供志愿帮扶。2005 年，民政部、全国总工会等九部门联合下发的《关于进一步做好新形势下社区志愿服务工作的意见》指出，开展社区志愿服务以社区老年人、未成年人、外来务工人员、下岗失业人员、残疾人和低收入家庭为重点服务对象，把社会救助、慈善公益、优抚助残、敬老扶幼、治安巡逻、环境保护、社区矫正、科普咨询和法律援助等作为重点服务领域。可见，社区志愿服务的服务对象以社区内困难居民为主，同时为普通居民提供广泛的福利服务。

（二）社区志愿服务的主要特征

社区志愿服务既有与一般志愿服务共同的特点，又具有自身的特征，社区志愿服务的主要特征有：

1.社区志愿服务是自愿性的服务行为

社区志愿服务强调的是自愿性，是指人们自愿参加该活动，而并不是在某种因素的强制下被迫地进行服务工作。当然，这种自愿性并不是绝对的，在一些特殊情况下，可以通过社会动员来引导人们积极参加社区服务。通过说服、鼓励、号召乃至通过法律法规促使人们自愿参加的社区无偿、低偿服务都应属于社区志愿服务。

2.社区志愿服务是不图报酬的服务行为

在对社区志愿服务进行概念界定时，我们必须要明确一点，那就是只有不图任何形式的报酬而自愿参与社区服务工作的，才是真正的社区志愿服务。有一些服务与此不同，它们以获取利润和报酬为主要动机，比如家政服务、物业服务等，这些都不属于社区志愿服务的范畴。要正确把握"不图报酬"的内涵，"不图报酬"是指服务主体不以获取报酬和利润为目的，自愿地为社区提供服务，而非意味着不能接受任何形式的补偿。志愿者可以享受一定的生活补贴和其他经济补偿，但由于他们不以获取报酬和利润为目的，而且所得报酬又明显低于同类经营性服务价格，因此，其服务行为属于志愿服务行为。

3.社区志愿服务是社区成员直接参与或社区成员直接受益的行为

社区成员是否直接参与志愿服务，志愿服务能否使一定的社区成员直接受益，是区分社区志愿服务与其他志愿服务的重要标准。社区志愿服务的受益对象应当是一定地域范围的社区居民，只有那些能够使一定社区及其成员直接受益的志愿服务行为才属于社区志愿服务，在我国城市社区主要是指城市街道办事处及居民委员会辖区，农村社区是指乡镇及村民委员会辖区。因此，一些志愿服务如服务于重大赛事、重要会议的大型活动志愿服务，服务于社会福利机构的志愿服务，参加国际组织的志愿服务活动，都不属于社区志愿服务。社区志愿服务的承担者可以是本社区居民，也可以是社区以外的志愿者，如社区以外的青年志愿者深入社区，直接为社区成员提供的服务，也属于社区志愿服务。

4.社区志愿服务是一种民间性的服务活动

尽管各个国家的政府都积极鼓励和支持社区志愿服务，但是，就其本质特征而言，社区志愿服务是一种民间性的服务活动，而非真正意义上的政府行为。社区志愿服务的直接提供者或服务主体是公民个人和非政府组织，而非政府机关。开展社区志愿服务虽然应该充分利用政府财政资源，但不能限于公共财政资源，而应该积极发挥社会（民间）力量的优势和资源。

5.社区志愿服务的主客体之间不具有法律或习俗规定的赡养、抚养或扶养义务

《中华人民共和国民法典》或其他法律规定的有赡养、抚养或扶养关系的家庭成员间的无偿、低偿服务，或者社会习俗要求的旁系亲属之间的照料、帮助，都不应视为社区志愿服务。社区志愿服务的主客体之间是非亲属的关系。

6.社区志愿服务具有广泛性和普遍性

社区志愿服务的广泛性和普遍性表现为受益范围广泛普遍。从一定意义上来讲，只要有居民群众的地方就属于社区志愿服务的范围。参与人员广泛普遍，每个人都可以成为社区志愿服务的参与者和受益者，参加者既可以是本社区居民，也可以是社区以外的其他志愿者。参加人员不受年龄、性别、职业、党派的限制，只要为社区居民提供志愿服务，都可以成为社区志愿者。服务领域广泛普遍，涉及居民生活的方方面面。

（三）社区志愿服务的社会功能

社区志愿服务是新时代学雷锋志愿服务的重要组成部分，是社会文明进步的重要标志，是广大志愿者奉献爱心的重要渠道，对于凝聚人心、增强群众主人翁精神，对于培养时代新人、弘扬时代新风，具有十分重要的意义。

社区志愿服务同样也应在投身国家重大战略、服务广大居民群众、提升社会文明程度、凝聚人民共同意识、推进社会治理现代化等方面发挥积极作用。从目前我国社区志愿服务的状况来看，其社会功能主要体现在以下四个方面：

1.社区志愿服务是创新社会治理的重要机制

社区作为现代社会人们生活的基本单元，承载着人们衣食住行、社会生产和交往等各类活动，协调着社会资源的配置，社区志愿服务的发展成为社会治理创

新的重要机制。社会治理强调治理主体的多元化，对社会公共事务采取政府与社会合作的机制，社区志愿服务是社会充满活力的重要表现。社区志愿服务是行政机制和市场机制的有效补充，为广大居民特别是社区弱势人群提供了无偿低偿服务，改善了居民在教育、医疗、救助等方面的处境，增加了对社区居民的福利服务，满足了其日常生活需求，提升了居民的生活质量。

2.社区志愿服务是促进社会整合的重要手段

社区志愿服务的开展让志愿者由于共同的价值理念集合到一起，志愿者坚持"服务他人，奉献社会"，吸引更多的社会成员积极主动地参与社区志愿服务，形成了友善互助的人际关系，通过个人对社会、他人的服务与奉献，将个体与社会有机地联系在一起。

志愿服务的开展，还有助于加强人与人之间的交流互动，拉近彼此间的距离，使困难群体感受到社会的关怀和温暖，减少人们之间因为利益分化、贫富差距扩大而带来的心理上的孤立感和不平衡感，减轻了人们精神上的孤独感和生活上的无助感，缓解了不同阶层之间的利益冲突，促进了社会和谐稳定的发展。社区志愿服务活动作为联结纽带，将不同的人联结到一起，将整个社区有机地结合在一起，使得社区成员联结更加紧密，从而促进了社会整合。

3.社区志愿服务是培育和践行社会主义核心价值观的实践载体

社区本身就是一个具体的小社会，是整个大社会的局部和缩影，开展社区志愿服务就是践行社会主义核心价值观。社会主义核心价值观在国家层面倡导"富强、民主、文明、和谐"的价值目标，在社会层面倡导"自由、平等、公正、法治"的价值取向，在公民个人层面倡导"爱国、敬业、诚信、友善"的价值准则。志愿服务秉承"奉献、友爱、互助、进步"的志愿精神，起到了对时代精神的引领作用。同时，社区志愿者参与志愿服务不仅是帮助他人、服务社会，而且是对个人生活经历的丰富和锻炼。通过志愿服务，志愿者在自我提升的同时，也满足了自身参与社会生活以及爱与尊重、自我实现的需求，将服务他人、奉献社会与提升自我相结合。社区志愿服务推动社区营造团结友爱、互帮互助的氛围，建立"文明、和谐、平等、友善"的社会关系，将弘扬社会主义核心价值观落到基层、落到实处。

4.社区志愿服务是回应居民需求、增进社区福祉的有力手段

社区志愿服务时时可为、事事可为，具有贴近基层群众、灵活性强、服务内容丰富的特点，可以及时迅速地回应居民需求，为居民提供多种服务，满足居民多样化、差异化、个性化需求，特别是在政府公共服务难以覆盖、企业市场不愿提供的服务方面具有独特的优势。通过助老为小助残等志愿服务，有助于满足老年人、青少年儿童、残疾人等特殊群体的需要，建立团结友好、互助互爱的社区人际关系，通过治安巡逻、环境整治等志愿活动，有助于维护社区秩序安全，建设卫生整洁的社区生活环境，为居民建设互助关爱、安全有序、环境优美的美好家园。

二、大学生开展社区志愿服务的价值

（一）对于大学生群体的意义

1.有利于培养大学生的社会责任感和奉献精神

在新时代，青年大学生担负着建设社会主义现代化强国的重要责任。在新时代社会发展的进程中，青年大学生要不断学习，提升思想境界，树立伟大的理想信念，以为祖国做贡献作为自己的最高人生追求。社区是国家的基层单位，是构成整个社会的一个小细胞，如果大学生能够深入社区，积极参与志愿服务活动，就能够对我国的国情、社情有更加准确的理解和深刻的体会，这对大学生提升服务人民的自觉性具有一定的意义。在参与社区志愿服务的过程中，大学生需要扮演各种各样的社会角色，要承担不同的责任，那么，在亲身实践的时候，大学生就很容易代入到各种角色，可以在短时间内对各种社会角色的使命产生深刻理解，从而在志愿服务工作中，能够慢慢地将自己的"自爱"意识转变为"他爱"，并将这种意识体现在行为上，以推动社会发展，同时促进个人成长。

2.有利于提升大学生的个人综合素质

大学生正处于风华正茂的年纪，有着较强的学习能力和适应能力，他们也需要一个更开阔的学习空间。对他们来说，在学校里生活和学习，只能得到理论知识，以及有限的实践经验和技能，但如果能深入到社会环境，参与社区服务，就能够将自己在学校里获得的理论知识真正用于实践中，从而提升实践能力和适应

能力，为日后的职业发展奠定坚实的基础。有学者曾对参与社区服务的学校展开长期性的跟踪调查，研究结果发现，参与社区服务的学生，其各方面素质和能力都得到了明显的进步，特别是专业技能、沟通能力、解决问题的能力，都有较大幅度的提升，并且具有较强的社会服务意识。

（二）对于社会的意义

1.有助于向社区辐射大学文化

要想顺利开展社区志愿服务活动，高校和社区要进行合作，而在这一过程中，就实现了大学文化向社区的输入。一方面，大学生参与社区服务活动，用他们掌握的专业技术来为社区居民解决各种各样的问题，同时能够有效地将校园文化灌输到社区中，有助于提升居民的整体素质；另一方面，大学生志愿者在参与社区服务时，贯彻的是"奉献、友爱、互助、进步"的原则和精神，那么在他们工作过程中，这种精神自然能够融入社区，进而在一定程度上促进社区的和谐发展。

2.有助于提高社区服务和管理能力

社区环境虽不十分复杂，但是社区工作也存在着很多矛盾，其中最主要的就是复杂化、多样化的社区居民需求，与有限的社区工作人员数量及有限的工作能力之间的矛盾。而开展大学生社区志愿服务活动，将大学生引进社区，一方面能够扩充社区工作人员的队伍，另一方面可以利用大学生所掌握的先进的专业技能来提升社区服务质量，从而有效缓解社区服务中的最主要矛盾。更重要的是，随着时代的发展，信息技术飞跃进步，目前已经深入各个领域，提升了社会生产的效率，但是有的社区依旧采取比较传统的工作方式，比如手工登记信息等，导致工作效率低，且浪费人力物力。大学生成长于信息技术时代，有着较强的信息技术应用能力，他们参与社区服务工作，可以改变传统的工作方式，从而提升社区各部门的工作效率，同时实现数字化社区的发展建设。

3.有助于构建和谐社会

为了保证大学生社区志愿服务活动的顺利进行，政府、高校和社区需要联合起来，整合多方志愿服务资源，构建志愿服务平台，一方面，这有助于给大学生志愿服务提供更好的条件，另一方面，可以拓展社区服务项目，更好地为社区居民解决问题。另外，大学生参与社区服务，还会产生很多正面的效应。比如，社区居民在接受大学生的服务之后，会对高校培养人才的方式产生良好的印象，从而提升高校在社会上的公信力，以实现高校与社会的和谐互动和共同发展；并且，大学生是一个素质较高的群体，他们参与社区服务，可以构建一种文明的社会氛围，从而激励更多的人参与社区志愿服务，促进社区及社会的和谐发展。

三、案例介绍

（一）基本情况

项目名称：南京师范大学"不再菇独"阳光助残志愿服务项目

发起方：南京师范大学

开始时间：2012 年 11 月

项目目标：结合自闭症患者的实际情况，设计菌菇康复训练课程，构建蘑菇庄园工作坊，从而引导自闭症患者融入社会、融入集体。为社会人士提供有偿种植体验服务，引导社会加强对自闭症患者群体的关注，同时加强探索"自我造血"模式，保证项目的持续、健康发展。

志愿者来源：南京师范大学创行团队。

服务内容：在教授的统筹指导下，并结合自闭症患者各方面的情况，秉持科学性原则，项目团队针对自闭症患者设计菌菇康复训练课程，并与社区进行合作，开展农社对接的销售模式。同时，建立蘑菇庄园体验坊，鼓励自闭症患者参与相关工作，比如担任蘑菇种植导师或者讲解员，让他们能够借此机会多跟他人交流，同时在此过程中实现个人价值。另外，销售蘑菇所获得的利润，以及蘑菇庄园的盈利，可用于维系康复机构的运作，以及用来减轻自闭症患者家庭的经济负担。

（二）项目背景

自闭症患者十分特殊，他们几乎不跟外界交流，总是活在自己的世界里。自闭症又叫作孤独症，属于一种因神经系统失调而导致的发育障碍，其病症包括没有正常的沟通能力、社交能力和行为模式。

目前，我国自闭症患者超过 1200 万，未满 14 岁的自闭症儿童有 200 万。在第二次全国残疾人抽样调查中，自闭症被列为精神残疾。但是目前在医学上，现有的治疗方法还有待完善。国内一些自闭症康复机构，运营状态不是很理想，他们没有足够的资金和场地的支持，而且他们所设计的课程老旧，对自闭症患者的恢复效果缓慢。

目前，自闭症儿童家庭的经济状况普遍令人担忧，将近二分之一的家庭用于自闭症儿童的康复费用超过家庭总收入的一半，很多家庭无力支付康复费用，靠负债给孩子做训练。因此，为自闭症儿童及其家庭提供切实有效的康复训练帮助有着重要的社会意义。

（三）主要做法

1.发展过程

"不再菇独"项目的前身是废纸回收再利用的环保项目——"永无纸尽"。为实现项目转型，项目组经过大量调研之后，决定将支持性就业与体验式公益结合起来，确定将大龄自闭症儿童作为受众。2012年11月，项目组与南京市玄武区红山残疾人托养中心达成合作伙伴关系，项目正式取名"不再菇独"，将菌菇种植和自闭症患者的社会融入康复结合起来。

经过前期与黄山菌科所等单位的联系，2013年3月项目正式落地。项目组结合成员具有社会工作、心理学专业的背景和大龄自闭症儿童生活基本自理的特点，在南京师范大学社会发展学院花菊香教授的指导下，为自闭症儿童打造了菌菇种植康复训练课程。

2013年9月，为了让自闭症儿童更好地融入日常生活，项目组设计出了社区支持康复体系，联合东方天郡、汇通社区等开展"农社对接职业发展体验"活动。

2014年5月24日，经过近一年的试运营，蘑菇庄园正式对外开放，自闭症儿童在其中扮演"种植导师"角色，带领社会人士体验菌菇种植，而这种陪伴有助于自闭症儿童融入社会。

2.项目内容

项目以帮助自闭症患者实现社会融入的课程为主，辅以其他相关商业性活动。主要包括：

（1）菌菇康复训练课程

依托基地开设的蘑菇庄园展开，具体内容如下：

①体验式种植：由自闭症患者带领体验者进行菌菇包的制作，旨在提高自闭

症患者的人际交往能力、社会融入能力以及职业技能。在前期体验式种植的基础上，又进一步开辟了亲子种植体验以及其他体验活动。

②菌菇实验室：项目组与基地合作打造，用于菌种的研发以及体验者的参观体验。

③创意烘焙坊：用于自闭症患者制作蔓越莓曲奇饼干等多种烘焙产品。

④蘑菇周边：开发菌菇主题的周边产品，并进行制售。

（2）农社对接职业发展课程

借助南京师范大学创行团队"绿野仙踪八卦洲"项目多年的运作经验，将农社对接模式引入自闭症患者康复体系。将自产的蘑菇和农民手中的蔬菜一起拿到社区销售，既让农民收入提高，也为社区居民带来新鲜便宜的蔬菜，让社区居民得到实惠。同时，使这个活动中扮演收银员等职业角色的自闭症儿童能够与社区融合，构筑社区支持的康复系统。

（3）企业实习体验课程

以蘑菇庄园的创意烘焙房为平台，培养自闭症患者的职业技能（面包烘焙技术或者其他技术）；联系"红跑车"等面包房或者其他对口企业负责人及技术人员前往基地参观；与企业洽谈合作意向，希望企业每周能给自闭症患者提供一天的实习机会，让自闭症患者前往学习；定期组织企业技术人员前往基地进行技术培训；等等。

（4）线上活动

开发微店、淘宝网店等新型商业模式，售卖蘑菇主题周边产品。

（5）商业路演

组织志愿者进行商业路演，宣传"不再菇独"项目，提高人们对自闭症患者的关注度。

3.盈利模式

（1）蘑菇产品的销售

在取得食品安全认证后，项目组开拓了长久的菌菇分销渠道。将金针菇、杏鲍菇、平菇等常见的普通菌菇销售给基地附近的饭店、食堂等大众化餐饮单位，并与之签署供货协议。

（2）农社对接的利润

通过售卖"绿野仙踪八卦洲"的新鲜蔬菜，以及自闭症患者自己种植的平菇等菌类产品获得利润。

（3）蘑菇庄园的门票收入

通过宣传，吸引社会人士带着自己的孩子到基地参与蘑菇庄园的活动，亲自体验种植菌菇包的过程，收取一定的门票费用。

（4）项目周边产品的销售

在一些公益义卖的活动中，会售卖一些项目产品，如菌菇包、灵芝盆栽，以及其他一些周边产品，如蘑菇贴纸、蘑菇钥匙环、蘑菇胸针等。

（四）取得成效

经过几年的发展，"不再菇独"项目逐渐走向成熟并取得了一系列佳绩。在项目组的努力之下，参与到项目中的自闭症儿童在社会融入和社会性学习能力上得到了明显的改善。经过不间断的康复训练，有的孩子已能生活自理，有的能进行简单的手工劳动，同时，每个人也能够从自己培育成功的菌菇产品的售卖中获得一定的收益分配，这也有助于改善其经济状况。他们参与项目的情况受到了人民网、江苏卫视、金陵晚报等多家媒体近50次的报道，也得到友成基金会"创业咖啡"、南京市公益创投协会社会工作园等的支持。

项目日常运行方面更是与南京市红山街道残疾人托养服务中心达成长期合作，作为其"菌菇—自闭症治疗"领域的唯一合作伙伴。同时以自闭症康复治疗为主题，与南京金鹰奥莱城、马群花园城等企业合作进行多次路演宣传，与南京市宁馨家园、爱德基金会等公益组织多方交流，在自闭症患者的社会关怀与帮扶领域取得了较大成功。

项目获得了广泛的社会认可。2014年获创行全国赛四强，2015年先后获得创青春大赛银奖、全国大学生志愿服务项目金奖，以及第二届中国青年志愿服务项目大赛金奖等一系列全国性奖项。

（五）案例述评

南京师范大学"不再菇独"阳光助残志愿服务项目改变了为自闭症患者提供以陪护为主的传统帮助方式，创新性地利用菌菇的种植、销售等活动使自闭症患者参与其中，打开其与社会交往的大门，有效地改善自闭症患者的生存状况，为自闭症帮扶活动提供了一种全新的思路。

1.依托高校专业资源

"不再菇独"志愿服务项目由项目组与南京师范大学生命科学学院的志愿者合作，成功研发菌菇种植技术，在南京师范大学社会发展学院花菊香教授的指导下设计和完善自闭症患者康复训练课程，充分体现了高校志愿服务项目依托和利用高校专业与文化资源优势的特点。

2.创新帮扶方式

对社会中相对弱势的群体，简单为其提供物质资源是远远不够的，只有在给予其外部帮助的同时助力弱势群体自身发挥才能，提高弱势群体的社会价值，才是公益组织勇于承担社会责任的实质表现。"不再菇独"项目从传统的陪护变为让自闭症患者参与社会体验，通过菌菇种植、销售提高动手能力和社会融入程度，同时掌握了部分职业技能，从而使他们能够有效地融入社会。

3.良好的可持续性

项目打造了菌菇销售、农社对接、蘑菇庄园体验、售卖周边产品等多种盈利模式，不仅实现了项目的自我造血功能，使项目得以良性运行和可持续发展，同时盈利收入也能够使自闭症患者以较低支出享受到更加专业的治疗，改善其家庭经济状况，从而使项目取得更好的社会效益。

4.科学的运行机制

项目建立自闭症儿童康复跟踪体系，及时反馈项目实施效果，通过新媒体让更多的社会爱心人士关怀自闭症儿童并为其提供更多的援助，构筑了一个完善且富有成效的"家庭—康复中心—社区"多维度自闭症康复治疗体系，体现了项目设计的科学性和高效的管理水平。

5.可复制性

项目模式并不复杂，在具有相同或类似资源的高校中可以复制推广，产生更大的社会效益。

考虑到可复制的意义，案例中应当具体表明大龄自闭症儿童的年龄阈。

第二节　大型赛会志愿服务

一、大型赛会大学生志愿者队伍建设

高校志愿者跟社会志愿者有着明显的区别，高校志愿者主要是在校就读的大学生，他们一直以来都生活在校园这个单纯的环境中，跟社会接触较少，很多能力都需要提升。因此，在组建高校志愿者队伍时，要根据赛会的要求，结合大学生志愿者的实际情况，对他们进行专项技能的训练，提升志愿者队伍的整体素质，促进其健康发展。从而使志愿者队伍在参与志愿服务时，能够展现出更好的服务水平。

（一）组建青年教师志愿者领导小组

根据大学生各方面的特征，在组建志愿者队伍时，要建立相应的组织机构，组建志愿者领导小组，该小组最好是由青年骨干教师组成。为了保证组织结构的合理性，该组织的配置人数应该是学生志愿者人数的 1/20~1/15，并且，还要从组内选出一位有相关经验的教师作为组长。同时，可以建立层层管理机制，实现专人专项、专人负责的网络辐射式管理，从而提高团队管理的实效性。另外，考虑到志愿服务活动的特殊性以及目标，在建立领导小组时，要多从各大高校的政治辅导员中选取教师，从而使整个队伍更具有亲和力，并保证服务的质量。小组的工作内容包括：走进各大高校，以学生们乐于接受的方式宣传大型赛会的历史背景，唤起学生对赛会的热情，提升志愿者在服务过程中的自豪感；对志愿者报名表进行收集和整理，并根据学生报名的意向，安排好初试时间；以志愿服务、无私奉献为指导方针，对志愿者进行选拔测试，最终选出真正具有奉献精神、肯吃苦且善于合作的学生，并对其特点与优势进行进一步的测试；最后，对最终确定下来的志愿者进行素质拓展训练，目的是提升团队凝聚力，提升志愿者队伍的整体合力。

（二）志愿者的动员与招募

志愿者动员工作是十分重要的，这是做好后期招募工作的前提。为了起到更好的动员效果，可以充分借助校园报纸、校园广播、网站等多种媒介，在全学校进行广泛的宣传和动员。在动员过程中要着重强调举办赛会的背景和意义，唤起学生报名的欲望，提升学生参与志愿服务的积极性，为日后志愿工作的高效进行打好基础。可以以学院为单位，统一给学生们发放志愿者工作报名表，而为了达到更好的宣传和招募效果，在报名表上要多下功夫，表上不仅要体现报名人员的爱好、特长、个人经历等基本信息，还要增加志愿感言等内容，目的是通过报名表，获取报名者更多的信息，了解其真实的意向。除此之外，可以取得各学院政治辅导员的帮助，获取重点推荐名单。在所有报名的学生当中，会有一些具有较高政治素养、具有较高服务水平、综合能力较强的学生，对于他们可以重点培养，日后让他们分担领导小组的工作，提高工作效率，并进一步提升学生的各方面素质。

（三）志愿者的筛选与培训、考核

在志愿者报名人数被确定后，志愿者领导小组要对报名人员进行初步的测试。具体的测试方法和流程要根据学校的配置情况、报名人数来确定，最终目的是选择出素质更高、具有较好服务精神的志愿者。在志愿者名单被确认后，要通过有效的教育手段，引导志愿者积极参与社会实践。但是，学生志愿者毕竟经验不足，所以，高校志愿者领导小组要给其提供实践条件，抓住各种机会，改变传统的志愿者培训过程，争取开发出理论与实践相结合的新的培训方式，如实战演练式、实习训练式等。通过新的训练方式，真正满足志愿者队伍建设的各种要求，并在此过程中不断反思和总结，保证志愿者队伍健康发展、稳定提升。在志愿者培训过程中，可以邀请心理学专业的老师参加，跟志愿者共同进行素质拓展训练，通过心理老师的指导和带动，拉近志愿者之间的距离，提升团队的向心力。在志愿者培训持续一段时间后，志愿者领导小组可以对志愿者近一阶段的培训内容展开大规模、全方位的考核，目的是进一步强化志愿者所掌握的知识和技能。在对志愿者的考核完成之后，要对其结果进行反思和总结，然后适当改进培训的方式，完善培训的内容，目的是进一步提升培训的效果。并且领导小组要对志愿者培训期间的训练效果予以关注，还要了解其心理变化，如果有的学生表现出消极的态度，要及时与其交流，予以帮助，如有必要，可以重新选择一名志愿者，要保证这个团队中的每一个成员对服务工作保持热情。领导小组可以跟其他高校取得联系，开展志愿者交流会，共同讨论志愿者队伍建设过程中普遍存在的问题，分享有益的经验，共同促进大学生志愿者素质的提升。

二、大型赛会志愿服务的难点

（一）大型赛会志愿服务专业力量不足

通常来说，大型赛会志愿者服务对象有两个十分明显的特点，一是数量庞大，二是身份复杂。由于服务对象的特殊性，大型赛会志愿服务也体现出两个明显的特点，一是服务规格较高，相应的，对志愿者的综合素质就有着较高的要求；二是服务涉及的方面很广，对志愿者的需求量很大且类型复杂。大型赛会志愿者服务需要一支高素质的专业化队伍。这支队伍不仅要有专业人才，还要有专业的培训指导、组织管理以及规范标准。但是目前来看，很多志愿服务队伍并不具备这些条件，尤其是缺乏经验丰富的专业人才。实际上，大型赛会志愿者基本上都是在校的大学生，他们没有相关的服务经验，专业能力有明显缺陷，而且也不够稳定。因此，志愿者供给很难满足大型赛会的志愿服务需求。

（二）大型赛会志愿服务文化在短时间内难以培育成熟

所谓大型赛会志愿服务文化，指的是在大型赛会开展期间，通过志愿者专业、周到的服务，而形成的一种有助于自我教育和激励的社会认同。它包含着丰富的文化内容，蕴含着核心的志愿服务理念，是地区志愿服务事业发展的重要动力。如今，大型赛会的志愿服务文化建设逐渐得到广泛的重视。纵观一些大型赛会，如北京奥运会、南京青奥会、上海世博会等，志愿服务成为各个赛会独特的风景线。但是，大型赛会志愿服务文化的培育，是各种大型赛会志愿服务的重点和难点。因为在大型赛会中，志愿服务文化一方面要与赛会主题相符合，另一方面还要体现志愿服务的理念和精神，同时还要彰显赛会举办地区的历史文化，由于这些因素，大型赛会志愿服务文化是不容易在短时间内建立起来的。

（三）大型赛会志愿者的协调管理纷繁复杂

大型赛会志愿者工作十分复杂，涉及很多单位和机构，这直接导致各个部门主体间沟通复杂，管理烦琐，其主要难点：首先，志愿者队伍有着较大的管理难度。志愿者人数众多，且来源复杂，又有着不同的身份，在短时间内，这些志愿者很难达成合作，很难高度配合。同时，一般大型赛会的周期比较长，这给志愿服务工作带来了很大的强度和压力。在赛会中服务一段时间后，很多志愿者会产生抗拒心理，产生焦虑的情绪，甚至会中途退出。人员数量多，心理状态波动大，这些因素导致志愿者队伍管理难度的增加。其次，各部门之间沟通困难，工作上难以协调。在大型赛会中，志愿服务涉及多个部门，但是跨部门管理不能高效率地调动志愿者，特别是在牵涉到安全保密相关的工作时，某些部门难以进行有效的沟通。最后，志愿者队伍的协调管理意识落后。一些部门和机构，对于志愿者服务的认识有所偏差，认为志愿者就是从事义务劳动和无偿服务的人，还把他们当成免费的劳动力，这种观念严重阻碍了志愿者的协调管理。要想改变这些现状，就需要在各种赛会的筹备和进行过程中慢慢转变人们对志愿服务团队的看法，从而优化对志愿服务团队的协调管理。

三、案例介绍

（一）北京奥运会的大学生志愿服务组织

从一开始，现代奥运会就跟志愿者结下了深厚的缘分。2008 年北京奥运会志愿者刷新了奥运会志愿服务的历史，成为现代奥运会志愿服务的里程碑。在北京奥运会中，志愿者总数有 170 万人，如此规模是历届奥运会中最大的。国际奥委会主席罗格先生在开幕式的发言中，对北京奥运会的志愿者工作予以高度赞扬。众多奥运会志愿者在大会期间努力工作、积极奉献，给北京这座城市打造出最美的名片。

北京奥运会志愿者以青年大学生为主。针对志愿者中的大量"80 后"青年，特别是这一群体所表现出来的目标明确但计较付出、自我意识强且缺乏合作能力等特点，志愿者管理中心到校园内开展以特色项目为主题的宣传活动，目的是强化对大学生思想的引导和道德的培育，使他们在奥运会上能够展示自己的群体形象，最终赢得社会各界的认同和赞扬。

考虑到大学生志愿者的实际情况以及奥运会的实际需要，北京奥组委采取了"场校对接"的模式。所谓"场校对接"，就是指为奥运会的各个场馆，明确志愿者的主要来源单位，并在场馆和志愿者所在单位之间建立联系，使其顺利进行工作对接，共同做好志愿者团队组建、管理和保障等工作。另外，根据"以竞赛为中心、以场馆为基础、以属地为保障"这一重要原则，构建以场馆团队为核心的志愿者管理运行机制，从而为奥运会的顺利开展提供保障。

1. "场校对接"的运作方式

为了让体育场馆赛事得以正常运行，北京奥运会采取了场馆对接这种组织运行模式，形成了依托于高校，并以青年大学生为主体的奥运会服务队伍。参与对接的场馆包括北京地区的奥运会所有竞赛场馆、非竞赛场馆和训练场馆。参与对接的志愿者们主要来自北京的高等学校，同时也吸收了一些来自北京其他领域，以及来自我国其他省份，甚至还有来自海外的志愿者，并且基本上做到了每一个奥运场馆与志愿者来源单位的有效对接，为场馆工作的运行提供了人力资源。为了方便工作的进行，北京奥组委将志愿者的培训工作交给北京的高等学校，高等学校还要担负起招募志愿者的工作，同时对其进行科学、系统的培训管理。

2. "场校对接"的特色

首先，大学生志愿者平日里的主要任务就是在校学习，他们思维敏捷，头脑灵活，有着较强的学习和适应能力，在经过一阶段的学习和培训之后，他们更容易掌握志愿服务工作所需的技能，对整个工作过程会更加熟悉。其次，作为奥运会志愿者，需要呈现出祖国的精神风貌，要做好优秀文化的弘扬工作，而青年大学生群体普遍文化修养较高，外语表达能力较强，他们担任志愿者，能够顺利跟外国友人进行沟通交流，从而更好地完成志愿服务工作。再次，青年大学生正处于风华正茂的年纪，他们心态积极，对新事物有学习和探索的热情，对于志愿活动，他们能够投入更多的经历，而且体力较高，有充足的时间，能够胜任繁重的工作。相比于社会上有正式工作的志愿者，大学生课程安排并不十分紧张，空闲时间多，这使得他们可以获得更多社会实践的机会。而在奥运会期间，学生们正值暑假，时间更为宽裕。另外，在参加奥运会的运动员中，青年占主要部分，大学生志愿者需要跟这些运动员接触，他们由于年龄相近，交流起来会更加容易，这有助于志愿服务工作的进行。最后，奥运会有着一定的商业化氛围，而青年大学生朝气蓬勃，他们热情的工作态度在很大程度上稀释了这种商业气息，同时也缓解了奥运会举办的经济压力，并且有了高校的统一组织，志愿者工作能够保证顺利进行。

3. 高校参与"场校对接"的优势

一是使得选拔志愿者和招募志愿者更为方便。"场校对接"在很大程度上降低了志愿者选拔的难度。如果从社会上大范围地招募志愿者，那么由于这些报名者素质水平差距较大，需要对他们进行层层选拔，而且在这一过程中，笔试和面试环节的实际操作非常烦琐。而如果采取场馆对接高校这一形式，则可以避免以上问题，高校可以更加全面、系统地对申请人的各方面素质进行综合考察。

二是有利于对志愿者展开科学、系统、全面的培训。相比于其他部门单位，高校有着更为丰富优良的教学资源，以及优秀的师资队伍，这些条件十分有利于志愿者培训工作的开展。一方面，奥组委将对高校体育教师进行专业的指导，使他们能够担负起培训大学生志愿者的重任；另一方面，高校体育教师将采取科学有效的措施，对大学生志愿者进行培训。高校体育教师可以从社交礼仪、外语、奥运知识等多个方面出发，对学生进行系统的教育和指导，帮助学生成为一名合格的志愿者，能够胜任自己的工作。

三是有利于对志愿者群体进行管理。在"场校对接"这一模式中，由高校承担场馆志愿者组织管理的相关责任，这非常有利于对志愿者的系统管理和工作调配，能够保证奥运会赛事的相关工作顺利、高效的进行。

（二）上海世界博览会的大学生志愿服务组织

担任上海市世界博览会志愿者主力的依旧是大学生志愿者。上海市世界博览会一共收到了 61 万人的志愿者报名申请。在志愿者选拔工作中，秉持公平、公正和公开的原则，对报名者进行面试选拔，最终筛选出 7.2 万名园区志愿者和 10 万名城市站点服务志愿者。这些志愿者中，有大学生，有已经参加工作的人员，也有自由职业者和退休人员，但主要以青年为主，特别是在校就读的大学生。

上海市世界博览会志愿者分成了三支队伍：园区志愿者、城市志愿者、服务站点志愿者，以及城市大学生志愿服务长效机制建设研究文明志愿者。其中，园区志愿者主要面向的是在园内参观的人们，志愿者要为他们提供问询、秩序管理、语言翻译等服务。城市志愿服务站点志愿者，主要面向的是来上海参观的广大市民，主要是为他们提供信息咨询、语言翻译、应急救护等服务。

上海市世界博览会期间，在全市一共设置了 1000 多个志愿者服务站点。城市文明志愿者，他们的服务内容包括很多，比如世界博览会宣传、交通文明、社区服务、城市清洁等等。这些志愿者群体以青年大学生为主，志愿者组委会给志愿者管理和调配提供了很多便利的条件，并有效利用世博会周期长的特点，对现有的志愿者组织动员方式加以改进，取得了一定的成绩。

1.志愿者管理信息系统

在世博会志愿者组织动员的过程中，一定要体现出"数字世博"这一重要理念，要加强对信息化手段的合理利用，借助上海信息化发展的优势，构建一个稳定、功能强大的志愿者管理系统，同时要注重动员方式的优化。志愿者管理信息系统包含 5 个大平台和 19 个功能模块：

一是应用平台，招募、培训、终端。应用平台主要提供给志愿者使用。招募是志愿者报名的首要环节，是志愿者填写注册基本信息的模块；培训是志愿者上岗的重要环节，是评定志愿者能否具备上岗资质的模块。利用手机或计算机等硬件设备，在终端显示岗位必备的信息，为志愿者工作提供便利。

二是管理平台，信息编辑、岗位调配、排班管理、物资配送。管理平台是应用平台的后台，与应用平台相互衔接。志愿者管理人员使用这一平台实现信息编辑，可以对志愿者基本信息进行修改和删除；岗位调配，即对志愿者岗位进行描述；排班管理，即依托平台对岗位和志愿者进行匹配并交互；物资配送，即进行简单的物品申领、仓储、物流、记账等。

三是沟通平台，网站、论坛、博客、自动问答。沟通平台是志愿者领导机构与志愿者之间、志愿者与志愿者之间进行充分互动的平台。网站及时发布志愿者新闻，展示志愿者风采，弘扬志愿者精神；论坛成为志愿者相互交流、倾诉的最佳载体；博客成为志愿者记录志愿服务日志的载体；自动问答通过机器人问答的方式，回答一些常见问题。在应对危机处理时，沟通平台也是发布信息、进行紧急动员的重要渠道。

四是决策平台，视频监控、舆情监测、信息上报、地图定位。决策平台主要供领导决策使用。视频监控利用园区内外固定监控设备实施实时直观的监控；舆情监测主要通过互联网，与有关部门一起实施监测，将有关志愿者的信息经过筛选处理后供领导决策参考；信息上报为各工作站或志愿者小组上报信息提供通道，引入"红绿灯"（红色表示紧急、黄色表示引起注意、绿色表示正常）制度，动态显示工作状况；地图定位利用最先进的无线定位技术，在地图上动态显示在岗志愿者数量以及分布情况，便于直接动员和调配。

五是动员平台，短信群发、邮件群发、呼叫中心、无线通信。动员平台是发送动员命令的快速通道，需结合实际情况灵活组合、搭配使用。短信群发是最快速的动员手段，能在短时间内动员上万人；邮件群发是承载数据最多的动员手段，可加载附件和通知；呼叫中心是互动和反馈最直接的手段；无线通信是固定区域内最便捷的手段。

2.扁平化组织管理体系

为了保证组织动员的速度，进一步提升其效率，志愿者管理体系可以采取扁平化的组织架构，从上到下，安排三个管理层次。第一层次：志愿者组组长、副组长、各有关部门部长。第二层次：全市 72 个志愿者工作站站长、副站长。第三层次：志愿者小组负责人（骨干志愿者）。在召集志愿者的过程中，首先从报名者中筛选出骨干志愿者，对他们予以专业的指导和培训，然后安排他们去各个岗位，担任主要负责人。为了真正体现扁平化管理体系的好处，对于这三个管理层次，要制定好相关的制度，如果遇到突发情况，可以越级进行指挥和调配，从而保证工作的顺利进行。

3.完备的应急预案

有效的应急预案是组织动员的重要前提，如果没有完备的预案，那么组织动员就很难取得较好的成效。根据事件的安全等级，要将应急预案分成三个层次。一级动员：突发自然灾害、设备故障、突发群体性事件、恐怖事件等；二级动员：高感染性传染病、观众拥堵、志愿者内部问题等；三级动员：观众发生急症，老、孕、病、残、弱群体需要帮助，志愿者遭投诉等。在建立完备的应急预案后，还要成立志愿者应急指挥部。为了提高工作效率，该部门的成员应该由第一层次、第二层次的管理人员组成，要保证在遇到突发事件时，能够快速以最佳方案应对。总而言之，要想做好世博会的志愿者组织动员工作，首先要更新工作理念，要充分利用现代科技，解决技术上的难题，更重要的是要解决政策、人力和资金等方面的问题。在全社会共同参与和支持下，新型的世博会志愿者组织动员体系将会不断改进、不断创新。

第三节　文明宣传志愿服务

一、文明宣传志愿服务的构成

文明宣传志愿服务是志愿服务的重要组成部分，是繁荣基层文化、丰富人民群众文化生活的有效途径，推动着公共文化体系构建、社会主义核心价值体系建设。党中央十分重视文明宣传志愿服务的发展，10 年内发布了多个相关文件以指导和规范文化志愿服务工作。2012 年，文化和旅游部、中央文明办下发《关于广泛开展基层文化志愿服务活动的意见》，有力推动了基层文化志愿服务的发展。2016 年，文化和旅游部制定了《文化志愿服务管理办法》，以促进文化志愿服务规范化、制度化管理。2018 年 7 月，中共中央办公厅印发《关于建设新时代文明实践中心试点工作的指导意见》，文件指出新时代文明实践中心建设将以志愿服务为基本形式，围绕宣传科学理论、宣讲党的政策、培育主流价值、活跃文化生活、深入移风易俗开展志愿活动。2020 年，中央文明办下发《关于组织实施科技志愿服务"智惠行动"的通知》，旨在大力推进科技志愿服务，促进科技志愿服务制度化、规范化、常态化发展。这些政策为文化志愿服务事业发展注入强大动力，促进了文化志愿组织蓬勃发展。

与其他志愿服务相比，文明宣传志愿服务更突出文化性、艺术性，也常常带有价值引领和价值导向的作用，对志愿者的文化和艺术素养要求较高。文明宣传志愿服务领域主要包括：一是依托公共文化设施开展公益性文化服务。志愿者以公共图书馆、博物馆、文化馆、美术馆、科技馆和革命纪念馆为平台，提供讲解导览、文化展览、专题讲座、文化培训、文化宣传、文艺演出、文创研发、信息咨询、秩序维护等服务，增强公共文化设施的综合服务能力，丰富群众精神文化生活。二是围绕文明城市、文明村镇、文明家庭创建开展以文明行为普及、文明生活方式倡导为目标的公益性文化服务，服务内容为倡导文明出行、文明就餐、文明旅游、文明上网、垃圾分类等。三是为欠发达地区提供文化支持服务，促进欠发达地区文化事业发展，提高当地民众思想文化素质和科学文化水平。四是为老年人、未成年人、残疾人、农民工和生活困难群众等特殊群体提供辅导培训、讲座、文艺演出等公益性文化服务。五是提供心理咨询、法律援助、技能培训等专业服务。

文化志愿服务旨在为社会和他人提供公益性文化服务，主要依托公共文化设施开展文化展演、展示、展览和讲座论坛等活动。《文化志愿服务管理办法》中对文化志愿服务的范围做了归纳，主要包括：在公共图书馆、文化馆（站）、博物馆、美术馆等公共文化设施和场所开展公益性文化服务；深入城乡基层开展文艺演出、辅导培训、展览展示、阅读推广等公益性文化服务；为老年人、未成年人、残疾人、农民工和生活困难群众等提供公益性文化服务；参与基层文化设施的管理和群众文化活动的组织等工作；参与文化行政部门和文化单位开展的文化遗产保护、文化市场监督等工作；开展其他公益性文化服务。下面以大学生文化志愿服务为例介绍文明宣传的志愿服务情况：

（一）服务类型

公共文化设施属于公益性的文化场所，它承担着保障人民基本文化权益的重要责任，除了对外免费开放文化设施，还要根据当地的实际情况，提供流动文化服务，并充分利用现代技术，建立数字文化服务平台。大学生志愿者参与公共文化服务，主要是通过三种方式，即公共设施场所志愿服务、流动志愿服务和数字志愿服务。大学生在参与公共文化服务的过程中，奉献出自己的时间和精力，也奉献出自己的爱心，并且在实践过程中，能够积极响应时代的号召，不断对文化志愿服务的内容和形式加以创新和优化，从而给人们提供更好的文化服务。

就以博物馆的文化志愿服务来说，大学生在场所志愿服务过程中，通过参与博物馆的展览讲解、宣传策划、游览咨询活动，以及参与文创开发、观众调研、展陈设计等专业服务，有效提升了公共文化设施场所志愿服务的水平。除此之外，大学生志愿者还积极参与流动博物馆活动，在活动中，他们帮助博物馆工作人员带着展品走进各个单位，比如学校和基层社区，还有边远山村甚至国外，这使得中华传统文化得到更广泛的弘扬，也推动了公共文化服务的国家化发展。另外，随着信息时代的到来，信息技术走进各行各业，大大提升了社会生产力，给人们的生活带来很多便捷，而大学生群体普遍信息素养较高，有着较强的信息技术应用能力，他们善于利用信息技术手段来解决各种问题。所以，在数字博物馆服务中，大学生志愿者能够帮助公共文化机构进行远程文化宣传，并且能够胜任网站开发维护、公众号维护、内容创作等任务，有效提升了公共文化设施的数字化服务水平。

（二）组织形式

近年来，基于馆校合作（公共文化设施＋学校）、馆会合作（公共文化设施＋协会）、会校合作（协会＋学校）等形式，通过发展团体会员、项目会员以及个人会员的方式，各地公共文化设施在推动大学生志愿者参与公共文化服务方面进行了积极探索。例如，始建于 1999 年的陕西省历史博物馆志愿者团队，自 2002 年开始实行注册签约制度，当前已与 20 所高校建立合作关系。2016 年，陕西省历史博物馆还汇聚全省青年文博志愿者资源，牵头成立了陕西青年文博志愿者联合会，下设 12 个分会，较好地推动了全省文博志愿服务的发展。浙江省宁波博物馆也较早联合宁波诺丁汉大学，组建起一支国际化志愿者队伍，2009 年，该大学青年志愿者协会代表宁波博物馆荣获首届"中国博物馆十佳志愿者之星"称号。2012 年，双方则进一步签订馆校共建社会实践基地合作协议，为中外大学生文化志愿服务提供了实践平台。国家博物馆自 2002 年开始招收社会志愿者推动文化志愿服务，形成了馆外人员志愿服务队和馆内职工志愿服务队两支队伍，注册志愿者人数达 1121 人。2020 年，国家博物馆新成立了中国国家博物馆志愿服务协会，先后与在京多所大专院校、企事业单位和社会团体签订服务合作协议，广泛汇聚热爱文博事业的志愿服务力量，推动了中国国家博物馆志愿服务的创新性发展。除此之外，许多学校、单位和社会团体也通过自发组织大学生文化志愿服务队伍、发起文化志愿服务项目等，参与推动文化志愿服务事业的发展。由此，不同主体通过团队协作和开放合作，广泛组织动员大学生参与服务国家、服务社会的实践，形成了推动文化志愿服务发展的合力。

（三）服务方式

除了公共文化设施的常态化服务，很多服务都是以项目化方式来组织和运行的，并且在一段时间的发展中，形成了有影响力、较高参与性的品牌。在我国大学生志愿服务项目大赛中，会涌现出很多优质的文化志愿服务项目，很多项目已经发展成品牌项目，在很多方面都体现出较强的示范性作用。除此之外，在"阳光工程""春雨工程"等全国性文化志愿服务示范项目中，很多大学生志愿者都积极参与其中，承担重要工作，并且主动融入党和国家的工作大局。这些大学生志愿者们以贫困地区、革命老区、边疆民族地区为重点，加强志愿服务领域的拓展，在此过程中，出现了很多文化志愿服务的典型。

综上所述，依托于馆校合作、馆会合作、会校合作等多种组织形式，大学生志愿者积极参与到公共设施场所志愿服务、流动志愿服务和数字志愿服务等文化志愿服务中，呈现出当代大学生志愿者良好的风貌和责任担当。

二、案例介绍

（一）基本情况

案例名称：美美讲堂

案例来源：中国美术学院志愿服务队

发起时间：2008 年

服务内容：为民众开设国画、书法、油画、版画、扎染、篆刻艺术鉴赏类、非物质文化遗产体验等艺术课程。编著美育教材、打造线上艺术课程，将艺术公益课堂带进社区、学校、医院、偏远山区、"一带一路"国家，让更多人享受文化服务，了解中华传统文化。

（二）项目背景

高校志愿组织一直是文化志愿服务提供的主力军。各个高校结合学校特色、学科背景、专业优势积极开展文化志愿服务活动，在培养学生奉献精神和社会责任感的同时促进我国精神文明建设。中国美术学院在开展文化服务志愿活动上有着突出的学科优势。2005 年，中国美术学院成立青年志愿者协会，依托学院湖山精神，践行"美境、美育、美心"之"三美"理想，结合自身优势积极开展志愿服务。在校团委指导下，学校青年志愿者协会将学校艺术专业学科特色融入志愿服务活动中，打造出多个优质公益志愿服务项目，服务范围涵盖社会美育、艺术扶贫、设计改造等。

（三）发展情况

"美美讲堂"是中国美术学院打造的一个艺术公益课堂，旨在公益普及美育，让艺术走进社会百家。该项目源自 2008 年中国美术学院的社会实践，于 2015 年正式得名。在项目建立初期，主要通过支教为偏远地区儿童提供美术课程服务。为提升公益品质，提高服务能力，项目负责人组建讲师团队、研发教材、录制视频课程、培养志愿者讲师，提高公益课程质量，稳定授课志愿者的教学水平，不断打造"美美讲堂"服务品牌。

为解决志愿服务过程中上课内容不固定的问题，"美美讲堂"项目组决定开发一套专业的公益教材来培养专业型的志愿者，以便志愿者更系统、更优质地参与到文化志愿服务中去。2015年，"美美课堂"项目组组建了儿童美育教材研发团队，正式成立大家小书编委会。编委会成立后编写了《大家小书·千字文》《大家小书·花鸟鳞介编》《大家小书·篆刻编》等系列教材，两次获得"金牛杯"优秀美术图书奖。2016年，项目组与阿里巴巴达成合作，共同开启了"梦是彩色的"中国农村留守儿童艺术梦想成长计划。项目组研发录制艺术专业视频课程，并以阿里巴巴农村淘宝服务站点为突破口，为农村留守儿童提供在线观看学习课程的机会。2016年8月至2017年8月，项目组成员结合国际志愿活动，发起"'一带一路'上的大家小书"项目，以"大家小书"系列教材为载体，通过公益艺术课等方式，在"一带一路"沿线国家推广中华传统文化，让外国友人更好地了解中国绘画、中国书法、中国篆刻、中国版画等传统文化。2018年，"美美讲堂"项目组发起"1+100"公益项目，将"美美讲堂·果蔬编""美美讲堂·千字文"等特色美育课程普及到100所中小学，为学生提供丰富多彩的艺术课堂。目前该项目已走进杭州各个区50多个中小学，并将辐射范围扩展至项目支教服务地（云南省普洱市景东彝族自治县景东职业高级中学、贵州省黔东南苗族侗族自治州从江县岜扒小学）。

（四）主要成果

中国美术学院志愿服务队将"美美讲堂"项目作为品牌项目进行打造，并期望通过此项目普及社会美育。10余年来，"美美讲堂"项目组不断扩展服务范围、丰富服务方式，孵化出"名家进校园""艺术周末"等7个子项目，制做出版"大家小书"系列儿童美术教材5套，上线公益视频课程400集，等等。项目将弘扬传统文化艺术课程普及到贵州、云南、新疆、湖南等地和浙江省淳安、景宁、丽水等几十个浙江农村地区。截至目前，项目志愿者们在各地乡村累计开设了百余次国画、书法、创意手工等艺术体验课程，课程受益人数有110000余人，参与授课志愿者有16500余人次。"美美讲堂"项目作为国家艺术基金传播交流推广项目立项，被评为"全国最具影响力的暑期社会实践项目"，项目组被评为"浙江省志愿服务先进集体"，获得"创青春"双创杯全国大学生创业大赛公益赛道银奖等荣誉。

第四节　社会民生志愿服务

社会民生的志愿服务就是解决与百姓生活密切相关的问题，主要集中在吃穿住行、养老就医、子女教育等领域。民生问题也是人民群众最关心、最直接、最现实的利益问题。

一、环境保护志愿服务案例

环境保护主要分为垃圾分类、水气共治等。志愿者努力引导居民树立生态环保意识，普及并提高民众环保意识。这是一种呼唤、一种督促、一种倡导，更是一种行动。志愿者通过努力使环保理念深入全社会，用行动保护我们赖以生存的自然环境，美化我们的共同家园。

（一）基本情况

项目名称：河海大学"水净生活，美境江苏"志愿服务项目

发起方：河海大学青年志愿者协会

开始时间：2015 年 9 月

项目目标：通过开展环保小课堂让学生对水资源、水环保形成基本的认知；招募适龄的小学生和大学生志愿者参与走访黑臭河、实地观察、水质监测等活动，加深对水污染的现状认识；通过展板讲解、污水处理厂模型观察、净水小实验三方面全方位的主题展览活动进入学校，提高学生节水、爱水意识。

志愿者来源：项目运营团队均为河海大学青年志愿者协会成员，承办方有水文院、水电院、环境院等学院青年志愿者协会，志愿者均为在校本科生、研究生。

服务内容：项目活动主要分为节水和爱水两大主题。在节水—环保课堂宣讲中，创新性地将理论知识与实践活动相结合，将节水环保知识带进社区与小学课堂的同时，也带领小学生进行走访河流活动。在爱水—护水行动中，开展大学生护水行动，积极推动"河长制"的发展。除此之外，活动还围绕秦淮河等水系，辐射到河流附近的居住区，全面覆盖河流水环境以及河流沿岸生态环境的方方面面，将水环境保护与居民生活有机地结合在一起。

（二）项目背景

为贯彻党的十九大精神和"绿水青山就是金山银山"的绿色发展观，立足于人与自然是生命共同体的科学自然观，落实国务院《水污染防治行动计划》，以创建环境友好型学校、环境友好型社区为重点，深化资源节约型、环境友好型社会建设，协会立足校园和居民社区、知名景区，采用理论教育与实践体验相结合的新模式开展环保项目，使城市居民了解水资源现状、污染危害，并且掌握一定的水资源保护的知识和技能，树立爱水护水观念，从而普及环保理念，推进生态文明建设，从节水爱水做起，推进"强、富、美、高"新江苏建设。

（三）主要做法

1.发展历程

该项目从 2015 年起开始实施，经过探索和实践，已经形成自己的运行体系和特点。

（1）建立环保课堂体系

目前，项目已形成一套完整的、实用性强、适应性强的课程体系，已有一套完整且全面的 PPT 模板及配套教案，用于宣传教学。

（2）丰富的走河活动

走河活动获得了家长和有关学校与社区的高度肯定和支持，小朋友的队伍不断壮大。从最开始的固定河流观察，到之后带领小朋友一起运用水质检测工具进行河流检测，同时对小朋友进行问卷调查。项目从各个方面入手，全方位地展开水环保宣传活动。目前已有三条河流在项目的活动下进行相关治理。

（3）关注点的转变

在 2015 年，项目采取"多点开花"的方式，力求覆盖面广，通过短期行程宣传水环保相关知识。目前项目已将关注点转移到具体的社区与小学，专注向固定的小学生群体宣传水环保知识，并及时通过自主研发的小程序"21 天线上打卡计划"来获得反馈。

（4）创新宣传方式

项目从专注于环保课堂的设计发展到表演区、体验区、展览区三区合一的节水、爱水主题展，在宣传方式上努力开创新颖、多样化的形式，提高同学们对保护水资源的意识和兴趣。具体的运作实施情况大致如下：该项目在南京市江宁区、秦淮区等地的小学、社区等基地以及南京各大景点进行，其中基地包括学校（南湖第三小学分校、宁燕小学、百家湖小学、南京市七桥小学）、社区（宝船社区、南京瑞金新村社区、南京建邺区艺苑社区、景明佳园、丁墙社区、安德门社区、雨花台社区、花神庙社区）和景点（玄武湖、中山陵、雨花台）。受益对象主要包括儿童学生、社区居民以及游客达 3000 人。

2.团队建设

该项目经过三年的运行形成了指导老师＋管理团队＋执行团队＋志愿者团队的四级管理模式。管理团队负责统筹、规划三个子活动；执行团队根据实际情况形成不同的活动方案，招募、培训志愿者，做好宣传等准备工作。志愿者团队根据活动招募要求申报，经过筛选和培训后上岗。所有志愿者均来自河海大学的在校大学生。个别重大活动也邀请到了校外专家作为志愿者参与其中。到目前为止，组织中共有 2 名学生获得"江苏省十佳志愿者"称号，6 名学生获得"江苏省优秀志愿者"称号。

（四）取得成效

该项目获得了 2016 年第三届中国青年志愿服务项目大赛金奖，全国青年志愿服务示范项目创建提名，第二届江苏志愿服务项目展示交流会银奖等。受邀参加南京团市委、南京市水务局主办的"保护母亲河，争当河小二"活动，将活动送进南京市江宁、溧水、高淳等多个区县。该项目的子活动"黑臭河走访"受到了社会组织以及南京市建邺区的邀请参与到社会治理中。江苏教育电视台报道了水环保立体主题展走进南京力学小学活动，展览还受邀在汉江路小学等多个学校开展宣传，反响良好。该项目多次和省水利厅、南京水务集团、江宁区住建局、南京市青少年宫、秦淮河河道管理处等专业机构进行合作，提高了项目专业化水平，增强了社会影响力，已经和多个社区、小学建立长期合作关系，广受好评。

经过三年的不断探索，目前项目已经形成了 1 套水环保课堂教学课件和教学设计，共计 10 课时，出版了 1 本原创水环保漫画，制作了 2 套用于宣传的水景观设计和一套（10 张）展板，以及 3 份黑臭河走访活动解说词和 3 份黑臭河走访完整版方案。除了上述固定材料以外，项目的完整运行方案已经成熟，经过实践证明可以灵活地移植到其他的高校和地方去。

（五）案例述评

河海大学"水净生活，美境江苏"志愿服务项目以节水、爱水宣传为活动宗旨，始终坚持面向中小学生进行节水、爱水宣传体验活动，影响深远，广受好评。从项目设计、运行和发展过程来看，具有以下突出的特色和优势：

1.依托高校资源和志愿者的专业知识，体现项目的专业性

深入浅出的水环保课堂的教学设计需要大量与"水"相关的知识才能够提炼出适合小学生学习的知识点。立体式、全方位的水环保主题展的设计，专业性更强，从展板制作、解说词的撰写、环保实验的解说都需要志愿者用小学生能够接受的语言表达方式，传达一定的专业知识，并随时接受学生们的提问。

2.打造立体化宣传模式

该项目不同于一般意义上的传统宣传活动，而是利用了多样化的教学方法，形成了理论＋实践＋体验循环的立体模式，循序渐进地对教学对象进行渗透教育。丰富的走河活动能够增进教学对象的体验感和参与活动的兴趣，对河流污染的现状能够感同身受，避免了一味宣传讲解的枯燥，反过来也会提高理论宣传和讲解的接受度与实际效果。

3.完善的运行机制，保证项目的可持续性

项目运行有计划、有培训、有总结、有反思。能够很好地与当地政府、学校、景点等资源对接合作，拓展项目发展空间。项目团队成员更新以后，老成员通过培训、交流会等方法做好项目的"传帮带"，确保项目在原有基础上不断完善。这些都足以保证项目的可持续发展。

4.规范的团队建设和管理制度

项目采用指导老师＋管理团队＋执行团队＋志愿者团队的四级管理模式，层次清晰，分工明确，有自己的志愿者招募、培训、活动制度，有利于项目的运作与展开。

5.很强的可复制性

项目已经形成了固定的教学计划、教学内容及配套的教学设计，主题展已经

形成固定的展板及配套的解说词，水环保绘本在定期更新中。项目的内容、管理模式、运作模式经过实践检验均已基本成型，根据现实水环境的变化更新材料，具有很强的可复制性，可移植到社区、景区的范围内进行宣传。

二、日常民生志愿服务案例

（一）基本情况

项目名称：安徽工程大学家电维修进万家志愿服务项目

发起方：安徽工程大学

开始时间：1981 年

项目目标：将先进的科学技术和文化知识传播到农村，为乡村振兴、精准扶贫贡献力量，同时成为培养大学生社会责任感、践行社会主义核心价值观、培育大学校园文化的生动实践。

志愿者来源：安徽工程大学电气工程学院具有基本维修家电能力的优秀学生和指导老师。

服务内容：建立"宣传—检测—维修—科普"为主体的服务模式，开展家电义务维修和科普宣传活动。

（二）项目背景

家用小电器损坏，对生活水平较高的城区居民而言，可能选择将之搁置；对广大农村地区来说，由于经济水平条件相对落后，送到维修点维修不仅费用较高，而且容易上当受骗，甚至更换到假冒伪劣产品。安徽工程大学开展家电义务维修和科普宣传活动，免去了村民的维修费用，教他们辨别家用电器的真伪，避免上当受骗，减轻了生活负担，同时科普了安全用电知识。

（三）主要做法

1.运行实施

1981 年以来，安徽工程大学家电义务维修团队用心服务，躬耕不辍，组织志愿者服务队利用寒暑假、节假日和周末等空余时间，走进社区，深入乡镇，为社区居民及村民免费维修家用小电器，同时开展科普入户、科技知识宣传和用电安全知识宣讲等活动，志愿者的热情服务和高效工作，得到了服务对象的一致好评。

除安徽省宿州市场桥区鸭湖村之外，家电义务维修团队先后在安徽省芜湖县、繁昌县、歙县等16个县市开展暑期"三下乡"活动，并在芜湖市周边社区定期开展家电义务维修活动。

安徽工程大学家电维修进万家志愿服务项目团队，响应团中央号召，在学校领导、老师带领下，2016年、2017年、2018年连续三年前往宿州市场桥区鸭湖村开展大学生暑期"三下乡"社会实践志愿服务活动。"三下乡"社会实践期间正值酷暑，烈日炎炎，家电义务维修团队不辞辛苦，携带维修家电的基础工具、器件以及科普宣传手册，经过6个小时的车程抵达目的地，顾不上休息，迅速与当地负责人接洽，就地搭建维修服务站，村民们很快拿来了收音机、电扇、电饭煲、影碟机等家用电器，家电维修团队成员首先将送来的电器进行登记，随后从分析电器故障问题出发，拆卸、更换元件、焊接、安装，对送来的每个电器都全力以赴修理，将学到的家电维修技术应用到实践中，尽力让村民们满意。有的队员一个人独立修理一个电器，有的两三个人共同修理一个电器。有的人拿着万用表检测是否通路，有的用电烙铁焊接，有的清洗脏的电器，不论是将烧断的电线重新焊接，还是更换零件，每一件小事都尽心尽力做到最好。还有一部分队员向村民分发科普宣传册，宣传安全用电和家电正确使用维护的相关知识，耐心解答村民们的疑惑。队员们紧张有序地忙碌着，烈日酷暑并没有阻止团队成员服务的热情。村民们被志愿者倾心奉献、认真服务的精神所感染，纷纷竖起大拇指，向他们表达感谢之情。

除家电维修之外，队员们还开展科普宣讲与爱心捐赠等关爱留守儿童的活动。在"三下乡"社会实践的两周前，团队就针对科普自己动手做了相应的智能电子玩具，有蓝牙智能小车、旋转LED、小飞机、炫光心形灯。维修时带去展览的科技作品常常引来好奇的小朋友前来观看，团队成员细心讲解其中的原理，还为农村留守儿童举办了一场关于未来汽车的科普知识讲座，指导他们依次上场操作，让在场的小朋友们更直观、更深刻地了解科技知识，感受科技奥妙。当地小朋友们听完实践团队的大学生哥哥姐姐介绍之后，对电子方面的知识产生了浓厚兴趣。他们同大学生们频繁互动并进行体验，表达想要学习的愿望，活动激发起小朋友们对科技知识的热爱，激励他们勤奋学习，勇于思考创新，从小树立为祖国科技进步做贡献的理想，同时小朋友们学习过程中的可爱表情也深深感染着累了一天的队员们。

2.团队建设

安徽工程大学电气工程学院具有基本维修家电能力的优秀学生和指导老师相互搭配，组成一个动手能力强的技术型志愿服务团队。为方便管理，将团队成员分为联络部、科技部、网络部、维修部、宣传部。其中，联络部负责前期联络社区、乡村，安排维修时间和维修人员；科技部负责登记维修家电、信息统计录入以及维修结束后与用户沟通；网络部负责制作维修和科普宣传册；维修部负责电器检修以及维护工具、设备；宣传部负责分发宣传册，宣传科普知识。团队由以老带新的方式传承，由高年级学生向低年级学生传授维修经验，进行详细指导，让低年级学生从简单容易的电器入手，了解掌握维修原理。

（四）取得成效

安徽工程大学家电维修进万家志愿者们，多年如一日，走遍全省200多个贫困乡村与社区，为千家万户提供家电维修、家电安全知识科普宣传等精准服务。大学生志愿者每年走进社区和乡镇开展家电义务维修和科普宣传20余次，维修好的家电不计其数且种类繁多，传承和积累了十分娴熟和专业的维修经验知识。他们紧跟最新科技发展，并结合所学专业，用通俗易懂的话语使城乡群众理解，得到社区和乡镇居民的一致好评。

多年来，该项目志愿者们走进社区和乡镇开展家电义务维修600余次，累计维修家电超过2万件，累计受益群众超过16万人次，在社会上赢得了广泛赞誉。受到安徽工程大学和各地主管部门的高度关注，得到社会各界的高度赞扬，团队事迹也被中国文明网、安徽广播电视台、芜湖日报、扬子晚报、大江晚报、光明网、宿州日报等媒体广泛报道，引起广泛反响。家电义务维修团队连续摘得四届"和美芜湖"大学生志愿服务金奖和银奖，先后荣获2014年全国大中专学生志愿者暑期"三下乡"社会实践活动优秀团队、2015年芜湖市十佳大学生社团等称号，并获得2016年安徽省青年志愿服务项目大赛金奖、2016年第三届中国青年志愿服务项目大赛金奖，专家评委和参展观众都给予其高度评价。

（五）案例述评

安徽工程大学家电维修进万家志愿者们，利用寒暑假、节假日和周末等空余时间，走进社区，深入乡镇，为社区居民及村民免费维修家用小电器，同时开展科普入户、科技知识宣传和用电安全知识宣讲等活动，形成了以宣传—检测—维修—科普"为主体的服务模式，凝集了一届又一届青年志愿者的爱心、专业与汗水，实现了志愿服务常态化、长效化、制度化发展。该项目的主要特色有以下几点。

1.真正实现了志愿服务常态化和长效化发展

先后经历"探索·起航""阔步·前进"和"扬帆·远航"三个阶段，走遍全省200多个贫困乡村与社区，为千家万户提供家电维修、家电安全知识科普宣传等精准服务。贵在坚持，重在传承，把一项看似简单的志愿服务活动坚持了许多年，在大学生流动性强的高校是非常难能可贵的。

2.在专业特色和团队传承方面值得借鉴和推广

志愿者由安徽工程大学电气工程学院具有基本维修家电能力的优秀学生和指导老师相互搭配组成，形成动手能力强的技术型志愿服务团队；采取"传帮带"和"高低年级搭配"方式，由高年级学生向低年级学生传授维修经验，进行详细指导，以老带新，逐届传承。

3.注重发挥志愿服务的实践育人作用

在志愿服务过程中，不仅将专业知识与生活实践紧密结合，运用所学专业知识，掌握维修原理，积累维修经验，解决实际问题，助力乡村振兴和精准扶贫，同时实践深化了大学生的专业知识的学习，也有助于培养大学生的社会责任感，在生动的社会实践中践行社会主义核心价值观。

第四章　大学生志愿服务的创新与发展

随着时代的发展，我国志愿服务事业也迎来了高速发展阶段，在现在的志愿服务工作队伍中，我们能够发现很多青年志愿者主力军的身影，大学生不断参与到志愿服务工作的队伍中，为社会的发展提供了强大的推动力。本章围绕"互联网＋"在高校大学生志愿服务中的应用、大学生志愿服务创新机制以及大学生志愿服务行为及其可持续发展展开论述。

第一节　"互联网+"在大学生志愿服务中的应用

党的十九大报告提出，要不断加强社会思想道德建设，将社会民众的诚信建设放在重要位置，将未来的志愿服务工作向着制度化发展，增强人民群众的社会责任意识、规则意识与风险意识。有了这些政策的引导，高等教育机构也开始了自身的志愿服务建设，为高校鼓励大学生进行志愿服务活动创造了机会，对于大学生社会责任感与风险精神的增强有着非常重要的作用。

一、"互联网+"时代新媒体背景下开展大学生志愿服务活动的现实意义

第一，在"互联网＋"背景下，我国已经实现了社会文明文化的有效转型，在创业、创新的思想理念的指引下，国家公共服务模式与国民网络服务体系都再一次焕发了生机。例如，高校在这样的时代背景下鼓励大学生进行志愿服务，增强人文文化教育建设。由于社会大众对于志愿活动的要求不同，需求也不一样，因此，就需要高校能够利用互联网技术对大学生志愿者进行合理配置，使资源能

够充分利用起来。除此之外，高校还可以利用新媒体平台对大学生志愿服务活动进行宣传，以此来吸引更多的大学生加入志愿服务工作，使志愿服务的质量与实效性显著提升。

第二，高校可以通过在网络上宣传志愿服务活动展现社会主义核心价值观，这样的方式有利于进一步化解社会矛盾，对社会和谐稳定有着非常积极的作用。在网络上宣传志愿服务活动，能够更加精准，使志愿活动在社会上有着更加亲切的形象，以此来更好地传播志愿服务精神，增强大学生的责任意识与奉献意识，使每一位青年大学生都能自觉践行社会主义核心价值观。

第三，在互联网上进行大学生志愿活动的宣传，有利于加快高校思想政治改革的步伐，使高校思想政治教育与社会意识形态更加贴合。将传统的教育模式与新媒体教育模式相结合，突出大学生的社会实践，使大学生进行切合思想政治教育的志愿服务活动。为满足大学生在此过程中的个性化发展需求，高校必须加快创新教育模式，将思想政治教育理念更加深入地渗透进学生的脑海。在互联网高速发展的今天，"互联网＋大学生志愿服务"平台的建立能够使高校的教育内容更加丰富，也能够不断完善志愿服务的评估制度，实现大学生身心健康发展。

二、大学生志愿者服务项目案例分析

2018 年，湖南某高职院校开展的"饮水思源"志愿者服务项目目的是为了研究省内河流流域的环保工作，这项活动采取线上与线下的的方式。

（一）院校情况

2017 年下半学期，该高职院校正式建立了志愿服务部，截至当前，在校的注册志愿者多达 600 人。志愿服务部以校训"上善若水、求真致远"作为活动宗旨，在校内建立了一支面向社会的志愿服务工作队伍，参与了省内上级水利部门及学院组织的"世界水日""中国水周"等宣传活动。除此之外，在他们所组织的"三下乡"水利调研活动与节水、护水特色品牌宣传活动中，也无处不体现着志愿服务的精神。

（二）项目的总体思路

1.项目背景意义与必要性

湖南水利水电职业学院志愿服务部在为"饮水思源"志愿活动提供项目主题

时，提出了"珍惜水资源、保护水环境"的口号并被成功采纳。我国水利事业的发展受到多方面的阻碍，如洪涝灾害频繁、水资源短缺与水生态环境脆弱等。为了使我国的经济发展速度进一步提升，水资源的开发、治理与利用，以及对水资源的节约与保护必须得到社会公众的重视。现阶段，我国人口数量稳步增长，社会经济发展步伐不断加快，在城乡建设汇总过程中，水资源已经成为一个非常严峻的问题了。现阶段，我国对于水资源的需求量极大，在这样的背景下，社会中仍然存在着浪费水资源的行为及水资源的污染问题。水资源被污染的问题不利于我国的生态文明建设，对我国的水上运输与水上交通也形成了阻碍，对我国城乡居民的生活水平也造成影响。

湖南水利水电职业学院在"饮水思源"志愿服务项目中，组建了较为完善的协作机制，为之后进行的"世界水日""中国水周"志愿者服务项目提供了资金支持，积累了活动经验，凝聚了团队力量。除此之外，在学校领导与教师的支持与帮助下，校内的志愿者团队已经建立起较为完善的招聘培训项目，在联系校外公益活动组织与企业方面满足了学校的现时要求，不断加强完善对于校内公益志愿服务项目的建设，展示了学院志愿服务部出色的策划组织能力。

2.项目内容与特色

在该校进行的"饮水思源"公益服务项目中，确立了"我是河小青、美丽湖南行"的项目主题，在"互联网+"背景下，该校志愿服务部利用新媒体平台技术，建立了"线上＋线下"的互动方式。该部门在学校内进行项目调研与科普宣讲，积极组织与宣传该项目的路演活动。除此之外，对于学校中关于"六进"的宣传，可以使用线上微访谈的方式进行，使用微博与微信等社交软件为群众传播以节约水资源为重点的绿色生态理念。

在此次进行的公益服务项目中，该校对于项目的实施思路与方法都进行了创新，目的是在"志愿实践"服务中融入"爱水节水护水"以及"科学科普"的内容，发挥互联网平台的优势，加深人们对水利领域的了解，使"节约水资源"不仅仅停留在群众的嘴上，更是表达在人们的行动中。

3.项目的预期效果

由于该校在"饮水思源"公益志愿项目中起到了重要作用，因此，该公益志愿项目组希望该学院继续践行志愿服务精神，提升学校内参与志愿服务的大学生数量，使用线上与线下综合发展的模式，以点带面推动全市群众共同加入志愿服务工作队伍，向群众宣传志愿服务教育，引导群众关注国家的水利建设，树立他们节约水资源的意识，促使他们形成"爱水护水节水"的思想理念。

（三）项目的具体方案

"饮水思源"这个公益服务项目的顺利开展离不开该学校利用互联网新媒体的技术平台进行项目建设的推进，如使用微信、微博等将项目活动的创新性与可推广性充分展现出来，发挥项目活动的示范作用。下面，本书将围绕"互联网＋新媒体平台技术＋大学生志愿活动"三位一体对该学校公益服务项目在开展过程中的要点进行详细阐述。

1.实施教育宣传全覆盖

该校在宣传"我是河小青、美丽湖南行"的公益志愿服务项目主题时，也对"饮水思源"的教育内容进行了大力宣传，希望利用新媒体平台对该项目进行宣传，能够使更多的人民群众了解国家水资源的现状，为广大人民群众树立水资源危机意识，激发他们节约、保护水资源的行为。为了达到这一目的，该校使用大量的微视频与微访谈对人们进行"水污染"的教育活动，并为人们提供了1.5~2小时的微体验，使人们身临其境，体验水资源匮乏的痛苦。除此之外，该校还在网络平台上展示了高达3000张图片与6块宣传展板，从视觉上刺激人们引起对水资源短缺的重视。在此次的公益服务项目中，全新的活动形式被建立起来，形成了"共青团＋青年环保青年社会＋青年志愿者队伍＋青年突击队"的"河小青"队伍模式，并联合青联委员、青年企业家与青年文明号人才资源，将"青"字号品牌呈现在大众面前，发挥品牌的引领作用，开展形式多样的生态环保活动，为群众进行了水资源保护的相关教育内容。

2.开展"守望河道"分支项目与经验总结

该学校对于所属辖区内的河流在"守望河道"的公益服务主题活动中进行了较为详细的分析，对于"守望河道"提出了多种不同的解决方法，在互联网时代背景下，该校通过微信公众号与网络论坛，分析了主要河道在污染、公益保洁与巡河护河活动方面存在的问题，并报告了在河流的整治过程中对河流的观察情况。在活动进行过程中，"河小青"对于巡河项目小组进行了问题调研与分析研判工作，通过互联网建立了线上反馈系统与举报平台，启动地方公益诉讼等线上网络调查程序，结合地方政府有关部门对河道生态资源进行网络监督，目的是推动公益服务项目活动能够顺利实施。

在"互联网+"时代背景下，该学校的大学生志愿服务部可以结合新媒体技术在互联网平台上对"饮水思源"公益服务项目进行宣传推广，在宣传过程中，可以将保护水资源的思想与行动上传至微信公众号，并利用直播技术对节约水资源的行为进行赞扬，满足"六进"宣传要求，在机关、企业、地方农村、社区、校园与网络中都普及绿色生态理念。在新时代，为了实现新人才的教育目标，高校就要不断挖掘并将"河小青"志愿者人才留在志愿服务工作队伍中。

第二节　大学生志愿服务的创新

21世纪，全国各地的志愿服务相继展开，在北京夏季奥运会、北京冬季奥运会、上海世界博览会、北京世界园艺博览会等大型活动中都能够看到大学生志愿者的身影。在经济社会的发展过程中，在加快促进社会和谐稳定的重要阶段，志愿服务都有着不可替代的作用，大学生积极参与志愿服务，还有利于其综合素质的提高。我们在近几年的志愿者团队中可以发现，由大学生群体构成的青年志愿者比例越来越高。

为了建立更完善的志愿服务体制机制，就必须建立大学生志愿服务的"多方契合创新机制"，这就是对志愿服务的诸多要素提出了更高的要求。志愿服务的要素有志愿者、服务需求方、高校、媒体及其他社会资源，多方契合创新机制就是要使这些要素在双向选择中实现彼此之间的互动，这样才能够使志愿服务工作保持活力，提高志愿服务工作的实效性。

一、策划机制创新

细致调研，真正做到"按需设项，据项组团，双向受益"。大学生志愿服务团队在为服务需求方提供服务之前，必须要将对方急需的服务项目调研清楚，帮助服务需求方寻找更加贴合其需求的志愿服务工作者。在为服务需求方提供志愿服务时，要着眼现实，围绕基层经济社会发展与干部群众在生产生活中的需求，使用服务需求方赞同的服务方式为其提供服务。志愿服务团队要不断提升自己的调研水平，丰富自身调研手段，为志愿服务团队提供切实可行的志愿服务方案。在调研时，必须要将调查研究的基本方法与资料仔细整理，形成贴合基层群众实际的实践主题。在互联网时代，高校要学会利用先进的互联网工具为志愿服务工作进行数据采集与分析。在运用互联网进行工作的过程中，对于信息收集方法来说，要能够灵活运用微博、微信、网络调查问卷等，对于信息收集手段来说，"大数据"与"云计算"都是能够大幅度提升工作效率的先进手段。

健全完善团队构成。高校为了能够更好地使学生为社会进行社会志愿服务工作，就必须完善志愿服务团队，使志愿服务团队中不仅有学生干部，还要具备树立了较强志愿服务意识与持之以恒精神的、拥有较强服务技巧的志愿者，将志愿服务团队建设向着专业化、制度化的方向发展。高校志愿服务团队要在专业教师的指导下进行志愿服务工作，在进行工作的过程中，要将学习到的理论知识与现实状况联系起来，在实践中培养自己发现问题、分析问题与解决问题的能力，真正使志愿服务精神外化于行。

二、保障机制创新

首先，实现高校团组织与地方团组织的双向契合。现阶段，阻碍大学生志愿服务发展的最主要因素就是资金场所的设备与技术支持的不足。对于高校来说，为大学生志愿服务组织提供的大多是人力资源的支持与智力支持，而对于社会来说，可以从需求调研、前期宣传与活动场所等方面为大学生志愿服务组织提供支持，双方优势互补，协同合作，以区域化团建作为契机，吸纳多方组织，共同为大学生更好地进行社会志愿服务出一份力。

其次，打造品牌优势与整合社会资源的多向契合。高校团组织的资金支持对于大学生志愿服务组织来说尤为重要，但是现实情况是，高校团组织对于该组织的资金支持并不充足，因此，大学生志愿服务组织要想得到长期发展，就必须从社会资源想办法。为了将政府的外包服务项目收入囊中，并不断吸纳企业中的爱心基金，大学生志愿服务组织就必须打造出自己的品牌优势，完善组织内的运作机制，提升组织在社会中的声誉。对于高校志愿服务组织来说，打造品牌优势、整合社会资源是其进行项目化运作最有效的途径。为了能够吸引更多的社会资源，吸纳更多政府与企业的服务项目，大学生志愿服务组织就必须将志愿服务内容、流程、各方责任与资源使用等要素尽快明确下来。

最后，在宣传上，传统媒体与新媒体、校园宣传与社会宣传的多向契合。对于传统媒体来说，人们对其较为熟悉，曾经传统媒体占据主流导致其在群众中有着较高的权威性，对于曾经的人们来说，他们传播思想文化就是通过传统媒体进行的。而最近几年，新媒体的发展速度不断加快，网络已经在人们的生活中较为普及。当代大学生使用网络获取信息的频率比使用传统媒体多得多，在现代青年中，存在一个非常突出的特征，那就是他们在网上进行社交联络，线下聚集在一起成为朋友。因此，大学生志愿服务组织应该意识到，如果要想达到最优的宣传效果，就必须使用传统媒体与新媒体结合的方式，校园宣传与社会宣传两手抓。在校园中对于志愿服务组织的宣传主要是利用大学中的媒体，对大学生群体进行大学生志愿服务的教育工作，树立其志愿服务的思想意识，激发他们投身志愿服务的热情。在社会中宣传大学生志愿服务组织主要是指该组织可以使用社会媒体对自身进行宣传，为广大社会群众进行日常志愿服务教育，在社会中营造良好的志愿服务氛围。

三、评价机制创新

首先，活动总结评价要与志愿者、服务需求方受益反馈相契合。现如今，志愿服务评价主要是由活动发起方决定的，但是，为了能够使大学生志愿服务的评价机制更加完善，就要结合活动发起方、大学生志愿者、服务需求方与新闻媒体等群体的意见，将评价志愿服务活动成果的标准以大学生志愿者与服务需求方的收益反馈为主。作为志愿服务的主体，大学生志愿者与服务需求方的评价是最需要被采纳的。在大学生志愿服务活动进行的过程中，是否提升了大学生志愿者的实践能力、社会观察能力与综合素质，大学生志愿者是否帮助服务需求方解决了急需问题、服务需求方对于服务过程是否满意，这些因素都是影响大学生志愿服务工作的重要指标，使社会各方对这些因素进行客观全面且真实的评价，有利于进一步提升志愿服务的实效性。

其次，要逐步形成更加客观完善的评价机制。在大学生志愿服务评估环节，调查研究、征求意见与总结评价是最为重要的。由此可见，大学生志愿服务评估的核心内容主要由三部分组成，第一部分是社会各方如何进行科学全面的调查研究，第二部分是怎样征求社会意见，第三部分是怎样进行较为全面、客观的总结评估。我们在进行大学生志愿服务评估的过程中，除了双方进行互评，第三方评估也是非常重要的。对于大学生志愿服务的评估，我们也可以分为三个阶段，第一阶段为事前评估阶段，主要是查看大学生志愿服务的策划方案，发现他们在策划活动中的不妥之处并督促其改进。第二阶段是事中评估阶段，在这一阶段中，要严格监督大学生在实际志愿服务过程中的执行情况，落实个人责任，提升志愿服务工作的实效性。第三阶段为事后评估阶段，在这一阶段中，主要是对大学生的志愿服务进行复盘，为大学生能够以更加饱满的状态进行下一次的志愿服务活动创造条件。

第三节　大学生志愿服务行为的可持续发展

为了让大学生能够将志愿服务行为的现实意义理解得更加深刻，高校必须将大学生志愿服务行为的概念与特征为学生阐明，并为学生们分析大学生志愿服务行为的内涵。除此之外，高校还要向学生们系统地教授大学生志愿服务的相关理论，以便为之后的志愿服务实践活动提供坚实的理论基础。

一、大学生志愿服务行为的内涵及特征

（一）大学生志愿服务行为的基本内涵

志愿服务与志愿服务行为二者既相互联系，又在某些方面存在差别。大学生志愿服务的概念与志愿服务相比更加详细，因此，我们在界定大学生志愿服务行为内涵时，就必须与其他相关联的概念进行区分。

西方学者认为，志愿行为是指志愿者从属于一个相对稳定的组织，在志愿者经过慎重考虑之后，决定对需要帮助的人提供无偿的长期帮助行为。由此可知，志愿服务行为存在三个最基本的要素，第一是志愿者从属于某个组织，第二是志愿服务的行为在个体慎重思考后才能实施，第三是志愿者应该对帮扶对象实施长期的无偿帮助。

志愿服务行为是志愿服务的直观性表现，对于志愿服务行为来说，其比志愿服务的概念更加细化。从"志愿服务行为"这个名称中就能够看出，这个行为具有自愿性与公益性。因此，志愿服务行为是在一个相对稳定的组织团体中，志愿

者经过慎重思考，决定对特定的服务对象进行长期、无偿的服务工作，完成志愿服务活动的既定目标。

可以从以下三个方面归纳大学生志愿服务行为的基本内涵。

首先，我们可以从大学生志愿服务行为与高校的关系方面来理解。对于高校来说，只有制定了合理有效的志愿服务行为管理方案，大学生才能够在自己的管理范围之内进行个体或群体的社会志愿服务行为。如果大学生不在高校的管理下参与志愿服务活动，那么其行为只是自发的，并不属于大学生志愿服务范畴。大学生在高校的体制管理之下进行志愿服务行为，不仅能够提升高校的形象，还能够增强高校的生命力，加快高校的发展速度。

其次，我们可以从大学生志愿服务行为与志愿服务组织的关系方面来理解。大学生还未走出校园、进入社会，相对于已经在社会中工作了许多年的人来说，社会经验并不充足，因此，志愿服务组织的存在就是为了规避大学生单独进行志愿服务活动的风险。对于大学生来说，在高校中成立志愿服务组织不仅能够使其与同学们结伴而行，还能够接受校园文化的熏陶；对于志愿服务组织来说，在志愿服务组织的指导下开展大学生志愿服务活动有利于激发大学生的参与热情，也能够吸引大学生将参与志愿服务工作的新鲜感转化为常态，持续性参与志愿服务。

最后，大学生要能够对自己实行的志愿服务活动负责，不仅要为自己的行为过程负责，更重要的是要为自己的行为效果负责。大学生一旦选择参与志愿服务活动，就必须遵守志愿服务的规则，这就要求大学生增强志愿者角色意识，在进行志愿服务行为时时刻注意自己的言行。

（二）大学生志愿服务行为的特征表现

我们将大学生在志愿服务过程中产生的行为称作大学生志愿服务行为，这种行为包含两方面的特征，第一方面是志愿服务行为的一般特征，第二方面是大学生显示出来的独特特征。我们从上文得知，大学生志愿服务具有鲜明的组织性，但对于大学生志愿服务行为来说，大学生身上体现出来的个性化特征更加明显。

高校为了提升教育管理工作的实效性，必须将大学生志愿服务行为的特征牢牢把握。我们可以从大学生志愿服务的实践过程中看出，大学生在进行志愿服务时，在某些方面自律性较好，但在某些方面则需要他律；在一些方面较为专业，但在另一些方面却并不精深；对于志愿服务的效果，既有积极的一面，也有消极的一面。

一是自律与他律相结合。作为一种道德行为，志愿服务行为具有自律性。首先，大学生需要为了志愿服务自愿付出。对于大学生来说，志愿服务行为是自己做出的选择，因此，无论大学生参与志愿服务的动机是什么，也无论大学生使用什么方式参与志愿服务，他们为他人提供帮助都是出于自愿。其次，大学生需要自觉践行志愿服务行为规范。大学生在进行志愿服务的工作中，要遵守志愿服务的要求，努力使自己向着志愿服务的最终目标前进，在为他人提供志愿服务的过程中，可以与组织内的其他成员通力合作，完成志愿服务任务。最后，大学生志愿服务组织应该不断严格要求自己，增强提升服务实效。大学生在志愿服务的过程中，如果遇到了无法用自己的能力解决的问题，那么就要寻求他人的帮助，尽量使服务效果不打折扣，不断提升自身服务质量与水平。除了自律，大学生志愿服务行为也是一种他律行为，对于他律行为来说，其较自律行为具有更加明确的规定性与更加强悍的约束力。但我国现阶段对于大学生志愿服务的体制机制仍未完善，大学生的志愿服务精神还未培育完全，这些不足都会通过大学生的志愿服务行为体现出来。为了能够更好地监督大学生的志愿服务行为，就必须要有他律行为作为约束。

二是专业化程度不断提高。目前，大学生志愿服务行为已经开始向着专业化的方向发展，其专业化主要从三方面体现出来。第一是大学生的专业知识能够为志愿服务行为服务，他们在选择志愿服务时可以根据自身的专业知识与能力水平进行。这类志愿服务的内容较为专业，因此，大学生志愿服务组织内的人员也相对固定，可以长期开展此方面的志愿服务活动。第二是大学生在开展志愿服务时能够根据特定的服务对象与服务群体进行较为专业化、品牌化的服务。现阶段的大学生志愿服务组织有向品牌化、特色化方向发展的趋势，在团队内部，他们不断优化自身组织结构，细化管理系统规范，提升自身运行效率，大学生在这样的团队组织的引领下参与志愿服务活动，也有利于服务的专业化。第三是大学生开始广泛参与专项志愿服务项目。这些专项志愿服务项目对志愿者的要求更高，对志愿服务行为的规定也更加详细，在这种类型的志愿服务项目中，大学生的志愿服务行为开始具有趋同性特征。

三是积极效果日益攀升。我们可以从上文的分析中看出，志愿服务行为是需要对志愿者与服务对象双方都要产生积极作用的。从我国开始实行大学生志愿服务至今，我国对于弘扬大学生志愿服务精神与规范大学生志愿服务行为方面都有着较为明确的制度管理模式。为此，从理论上来说，大学生志愿服务在这样的背景下都应当对大学生志愿者与服务对象产生较为深刻的积极影响。

二、大学生志愿服务行为可持续的内涵与意义

对于大学生志愿服务行为可持续来说，其不仅规定了要有怎样的行为表现、产生怎样的行为效果，其还对行为过程进行了详细规定。持续推进大学生志愿服务行为可持续进程，对大学生志愿者与高校的发展甚至社会的进步都存在积极意义。

（一）"可持续"理念与大学生志愿服务行为可持续的内涵

"可持续"的概念是由德国学者提出的，最初，"可持续"只是被运用在森林资源管理方面，随着时代的发展，"可持续"逐渐被运用到整个生态系统中，其内涵是人们在将自然资源为己所用的时候不能够忽略对生态环境的保护。在这个时期，"可持续"也被称为"生态可持续"。20世纪80年代中后期，世界环境和发展委员会（WCED）发布了《我们共同的未来》的报告，报告中指出，在全球化进程不断加快的今天，世界经济产生了一系列的问题，对人类的生存与发展发起了一系列严峻的挑战。因此我们应该共同努力，为了地球的可持续发展寻找新的发展道路。也是从这个时期开始，"可持续发展"成为世界各国关注的焦点，对于"可持续发展"的运用也就不再局限于生态领域，而是逐渐向社会中的其他领域延伸。

1."可持续"理念解读

自20世纪80年代以来，我国高度重视社会的可持续发展问题，学界对于"可持续"的研究也轰轰烈烈地展开了。其中，有学者对"可持续"的概念进行专门研究，分析了中外相关文献之后，对世界环境和发展委员会提出的"可持续发展"定义进行了完善，在规定了时间尺度的基础上又添加了空间维度。"从发展的角度来讲，实质是对实践主体行为的规范"。①潘存德从可持续发展的本质内涵角度界定了其概念，具体来说，这个观点具备两个作用，第一是为之后关于"可持续

---

① 潘存德.可持续发展的概念界定[J].北京林业大学学报，1994，16（S1）：3-9.

发展"的理论研究做出了"时空"框架，第二是厘清了人们对于"可持续发展"概念的认识，对于全社会共同走可持续发展道路起到了一定的呼吁作用。

自此，我国社会群众对于"可持续"概念的认识更加深刻，并以自身行为主动践行着可持续发展的理念。我国在强调可持续发展时，注重以人为本、科学发展，结合我国实际对"可持续"的内涵进行了不断的优化。

2.大学生志愿服务行为可持续的内涵

高校要将大学生志愿服务行为可持续的内涵进行深刻把握，不仅要对"可持续"的定义了然于胸，还要将其与大学生志愿服务行为的特点相结合。从行为的发生到行为的结束，大学生志愿服务行为可持续不仅规定了志愿服务行为的表现，也要求了志愿服务行为在进行的过程中应该使用什么样的方式与行为实际产生的效果。

对于大学生志愿服务行为，从表现上来说，必须要有科学规范的管理制度来规范大学生在志愿服务活动中的表现，如果管理制度缺位，那么大学生志愿服务行为的实效性也就会大大降低。具体来说，大学生志愿服务行为可以从以下两个方面体现科学规范：

一是大学生志愿服务行为是标准化、可测量的。从我国以往的志愿服务实践经验来看，志愿服务时间是认定大学生志愿服务的主要依据。我国现阶段大学生对于志愿服务的共识并未达到一致，对于服务对象来说，志愿服务主体的行为对他们的帮助程度也参差不齐，因此，在认定大学生志愿服务时，就不能够单凭服务数量肯定大学生的志愿服务行为，这不利于大学生志愿服务行为实效性的提升。那么我们在规范大学生志愿服务行为时，就要建立起科学准确的测量标准与评估体系。

二是大学生志愿服务行为管理的科学化。目前，我国大学生在进行志愿服务的过程中出现了一些不合理行为，这些不合理行为也对社会产生了一些不利影响。高校在面对这些行为时也较为头疼，因为在学生进行具体的志愿服务行为前，高校就已经将志愿服务的基本规范与具体要求对学生们强调过了，但是，仍有些大学生在志愿服务的中途强行退出或者在服务过程中存在不规范行为。显而易见，这些行为都违背了大学生志愿服务的行为要求。因此，高校要想减少此类事件的发生，就必须建立起科学的管理制度。

从行为过程上看，大学生志愿服务行为在时空上应是延续的。目前，我国大学生的志愿服务行为仍旧以活动性、阵地性、临时性为主要特征。在判断一个大学生的志愿服务行为是否具有可持续特征时，就要看他是否能够将活动性的行为转化为日常行为。对于大学生来说，志愿服务不仅仅是在校园内进行，在校园外也要积极参与力所能及的志愿活动，这也是大学生志愿服务对于时空延续性的要求之一。

从行为实效上看，大学生志愿服务行为应是双效并举的。大学生志愿服务对于社会具有积极的示范作用，其对于社会产生的积极影响是不可忽视的。但是高校也要认识到，对于大学生志愿服务来说，大学生志愿服务的管理与大学生志愿服务的过程除了能够产生社会效益外，还会产生一系列的经济效益。对于参与社会志愿服务的大学生与接受志愿服务的服务对象来说，他们在获得精神上的满足感之余，也需要得到物质上的充实感。我国大力倡导志愿服务，不仅是对联合国积极倡导志愿服务的响应，也是在重塑我国的社会价值观。对于现代志愿服务来说，为了能够使大学生志愿服务行为可持续发展，就必须要合理预算与评估大学生志愿服务行为的经济效益。

（二）推进大学生志愿服务行为可持续的意义

我们从上文可以得知，在大学生志愿服务行为可持续中，科学规范、时空延续与经济效益是能够体现大学生志愿服务价值的三大要求，其对于社会示范、教育与激励大学生进行志愿服务都有着非常强大的推动力。在今天，大学生志愿服务行为可持续仍旧是一个极具现实意义的议题。

1.有利于提升大学生素质能力，树立良好社会形象

"说教"对人们品德与能力形成毫无用处，品德与能力的形成并不能一蹴而就，人们只能在长时间的规范行为中养成自己的优秀品德与出色能力。

志愿服务对于社会核心价值观的培育有着重要作用，是社会核心价值观培育的重要载体，在大学生的志愿服务行为过程中，无不体现着社会主义核心价值观中"爱国、敬业、诚信、友善"的要求。为了不断提升大学生的思想道德素质，增强大学生践行社会主义核心价值观的能力与水平，高校就要不断激发学生参与志愿服务的热情，培养大学生志愿服务行为可持续，将活动性行为转化为日常行为。与此同时，高校作为育人主阵地，为了能够推进全社会对于社会核心价值观

的践行，就必须要充分发挥大学生服务行为对于社会的带动与示范作用。但当前，在社会各界对于大学生志愿服务行为的评价中，我们仍旧能够听到一些不满意的声音。这是因为有些大学生的志愿服务行为在过程中仍旧缺乏专业化，在服务过程中注重形式主义，行为的实效性并不高。

为了进一步提升志愿服务的效能，将大学生志愿服务行为可持续不断推进，高校就必须在大学生志愿服务的过程中加强动机引导、实施过程管控，严格把握效果评价。管理力度的加大与管理制度的完善不仅能够使社会正视大学生志愿服务，客观准确地评价大学生志愿服务，还能够不断提升大学生的社会形象，有利于大学生的职业生涯发展，有利于其在社会中不断实现自己的人生价值。

2.有利于提高高校教育质量，服务地方社会发展

高校作为育人的主阵地，承担着社会发展的重要使命，在人才培养、科学研究、文化传承与社会服务方面都起到了重要作用。

我国高校与当地社会经济的发展密不可分，对于各地方来说，高校为社会输送各种人才，提供各种科研成果，对于高校来说，其创新发展离不开各地方的经济与政策支持。我国高校要想保持旺盛的生命力与持久的凝聚力，就必须在时代发展中把握机会，精准定位，不断走在社会发展的最前端。

高等教育在我国的教育系统中的地位非常重要，可以说，高等教育引领着社会的教育风向。高校是人们走入社会的最后一道标尺，作为大学生成人成才的最后把关者，只有为社会输送高质量人才，高等教育才能够获得长足发展。为了更好地服务地方，对地方社会经济的发展起到重要推动作用，大学生志愿服务应运而生。大学生志愿服务组织的数量与组织提供服务的质量对高校服务地方的能力和水平具有决定作用，作为高校实践育人的重要载体，大学生志愿服务也对大学生的身心健康发展起到较为重要的作用。

因此我们可以看出，把握大学生志愿服务的过程，对于检验高等教育质量、了解高校教育成果有着重要影响。高校的教育能力决定了高校能否使大学生志愿服务行为可持续，能否为推动社会经济发展而不断提升大学生志愿服务的实效性。高校必须随着时代的发展迈出前进的步伐，在大学生志愿服务行为管理的体制、机制方面要勇于创新、敢于探索，迎接在大学生志愿服务行为中可能会遇到的种种挑战，使大学生志愿服务符合时代的发展需求，为培育人才、服务社会提供不竭动力。

3.有利于夯实国家人才根基，增添社会发展活力

（1）从制度方面看

在国家治理体系中，社会治理可谓重中之重，公民意识的培养、公民社会的构建与社会主义核心价值观的养成都受到社会治理的影响，社会治理现代化程度也能够反映出国家治理体系与国家治理能力的现代化程度。对于大学生志愿服务行为来说，只有不断完善管理体制、实施大学生志愿服务制度化建设，才能够使大学生志愿服务行为可持续发展。因此，为了使社会发展不断焕发生机，就要结合实际建立符合我国国情的大学生志愿服务管理制度，为我国不断创新社会治理体系、提升社会治理能力提供经验。

（2）从经济方面看

目前，虽然大学生志愿服务所产生的经济效益并没有一个明确的标准，但毋庸置疑，大学生志愿服务已经对社会做出了不小的经济贡献。不断加快大学生志愿服务行为可持续的脚步，本质就是为了将大学生志愿服务的效益最大化。由此我们可以看出，使大学生志愿服务行为可持续，是我国在实现中华民族伟大复兴过程中的必然要求。

（3）从社会层面看

大学生志愿服务推动了良好社会风气的形成，在现代社会，人们互信互助、互敬互爱，这在很大程度上都是大学生志愿服务发挥的作用。有人说，大学生志愿服务行动加快了现代文明社会的形成，大学生积极践行社会主义核心价值观，对于社会具有积极的榜样作用。我们从以上观点可以看出，为了不断传递志愿服务精神与社会主义核心价值观，就必须在社会范围内推进大学生志愿服务行为可持续，加快社会价值共识的形成步伐，构建现代化公共服务文化体系，不断加强我国社会主义现代化建设。

三、推进大学生志愿服务行为可持续的有效路径

我国志愿服务的发展起步较晚，在改革开放新时期，在我国社会转型的重要时期，志愿服务开始兴起，可以推断，在我国社会主义现代化建设的过程中，大学生志愿服务正处于高速发展阶段，因此，其肯定会在社会主义现代化进程中留下浓墨重彩的一笔。当前，我国志愿者队伍的中坚力量仍旧是大学生，因此，大学生志愿服务行为在此基础上就显得极为重要，为了完善志愿服务体系，加强志

愿服务的制度化建设，就必须做好制度顶层设计，完善运行机制，将行为理念引导、行为过程管控与行为践行高效摆在重要位置，不断推进大学生志愿服务行为可持续。

（一）社会：理念引导，增进共识

在社会中，人们形成了怎样的理念，就会做出怎样的行为，行为能够在一定程度上促进理念的创新与发展。社会共识就是指社会成员在某一件事上形成了高度统一的认知，现阶段，社会主义核心价值观就是为了使社会成员在行为上符合社会的标准与要求，达到社会共识而树立起来的。社会共识在大学生志愿服务工作中，既有支持作用，也有约束作用。在大学生进行志愿服务的过程中，为了使大学生志愿服务行为得到社会认可，就必须具备广泛的社会基础，满足社会需求，如果没有社会共识作为引导，那么大学生志愿服务行为可持续就会变为一句空谈。只有在全社会形成广泛共识，才能使全社会增强对大学生志愿服务的认知，为大学生志愿服务营造良好的社会条件。简单来说，形成社会共识就是要通过社会主义核心价值观发挥制度、榜样与宣传的力量，不断推进大学生志愿服务行为可持续。

1.完善配套举措，发挥制度引导力量

人们的行为选择在很大程度上都会受到制度的影响。为持续发展我国的志愿服务事业，有关部门就要意识到只建立一个关于志愿服务的单项制度是不够的，只有建立起完善的志愿服务制度体系，形成制度合力，才能够使大学生志愿服务行为得到长足发展。否则，只存在华丽的志愿服务制度，而没有坚实的理论支撑，就可能会将制度架空，在实际实施中难以落实。当前，我国的志愿服务制度建设还能够从三个方面加强制度管理：第一是广泛参与制度，第二是组织参与制度，第三是第三方评估制度。

（1）广泛参与制度

这项制度是志愿服务行为可持续的前提，志愿服务要想得到长足发展，就必须动用全社会的力量，在全社会范围内形成广泛参与。从参与志愿服务的主体来说，虽然现阶段是以青年大学生为主要力量，但机关人员与社会人士对于志愿服务都有着义不容辞的责任。因此，建立志愿服务的广泛参与制度不仅是要规定谁参与、参与什么、怎样参与，还要利用广泛参与制度的宣传作用，将广大群众吸引到

志愿服务工作中来，为营造想参与、能参与、要参与的志愿服务环境创造条件。

（2）组织参与制度

组织参与制度是大学生志愿服务行为可持续的关键，也是现代志愿服务的基本特征。对于大学生来说，只有在志愿服务组织中进行志愿服务工作，才能够被称为是大学生志愿服务行为，而志愿服务组织作为志愿者与志愿服务对象沟通的桥梁，在弘扬志愿精神方面发挥了巨大作用。志愿服务组织能够根据志愿者的特点为其推荐最适合的志愿服务工作岗位，服务对象也能在志愿服务组织中得到更加专业的志愿服务。但我国现如今的志愿服务组织，专业化与职业化程度都不高，对于服务评价缺乏相应的标准，不利于全社会志愿服务的健康发展。要想加快志愿服务的组织化进程，就必须将专业化的志愿服务组织培养出来。在培养更加专业的志愿服务组织时，有关部门要积极完善社会组织管理制度，丰富公共服务的供给方式，加快社会治理体系的建设步伐。要积极创新大学生志愿服务组织的管理模式，实行统一管理。降低志愿服务的准入门槛，使更多的社会人员参与志愿服务的工作中，体验专业化的志愿组织服务，在志愿者队伍中培养自己的奉献精神。

（3）第三方评估制度

为了能够使志愿服务的评估制度更加透明化，我国应加快建立与引进第三方评估制度，增强评估的公正性、专业性与监督的实效性。对于第三方评估制度的建立与引进，有以下三方面作用：第一是有利于加快政府角色转变，不断将社会治理体系现代化的程度推到一个新高度；第二是对组织的运行机制进行优化，不断提升评估的实效性；第三是提升志愿服务组织在群众中的公信力，保证志愿服务组织能够长足发展。志愿服务组织在如今的时代背景下，必须牢牢把握建立第三方评估制度的发展机遇，对于第三方评估机构的工作积极配合，不断完善自身的管理制度，加强社会群众对志愿精神的认可程度，进一步推进大学生志愿服务行为的持续发展。

2.优化榜样功能，凸显先进带动作用

在志愿服务中，榜样的力量非常重要，为实现不同的教育效果，志愿服务组织就要发挥榜样的引导与示范作用，为全社会树立道德榜样。为了达到这一目的，有关部门在为社会树立志愿服务榜样时必须优中择优、保持榜样的个性化差异，尽最大力量发挥榜样特有的先进性、持续性与带动性特征。

（1）规范榜样选择，突出榜样的先进性

榜样不仅能够发扬中华民族的传统美德，还能够践行现代道德文化，对于社会群众来说，榜样的身上有着不可磨灭的时代印记，时刻体现着时代精神。但是，榜样也具备差异性，在不同的榜样身上，我们能够发现不同的道德特征。在榜样教育中，"以谁为榜样"是最先要解决的问题。因此，社会有关部门在为群众选择志愿服务榜样时，要充分考虑志愿服务的核心特征、时代要求、追求目标与实际效果，为群众选择最为恰当的榜样类型，发挥榜样的先进作用。对于志愿服务榜样来说，其拥有的基本理念不仅要包含中华民族传统的慈善理念，还要将现代志愿精神与志愿文化一同吸纳，更要使自己的价值观与社会主义核心价值观高度契合，只有这样才能更好地供养与践行志愿精神。志愿服务榜样必须紧跟时代要求，紧密贴合社会需求，做志愿服务的创新者。对于志愿服务榜样来说，为了使社会的发展更加迅速，社会氛围更加融洽，其就必须重视志愿服务的实际效果，时刻将自己的目标追求放在更高的位置。

（2）强调品牌建设，突出榜样的持续性

有关部门要对榜样树立起正确的认识，要知道榜样的形成不能一蹴而就，树立了志愿服务榜样也不代表自此之后就不需要再继续培养群众的志愿服务意识。有关部门要对榜样进行不间断地培养，使榜样在社会中形成广泛影响，为群众树立正面的榜样形象。目前，大学生的思想仍未成熟，行为也存在莽撞现象，进步空间还非常大，因此，高校在为大学生树立榜样时，不仅要对榜样的形象有要求，还要长期观察榜样的行为。在我国现阶段，由于社会对于志愿服务榜样的宣传力度不大，因此，榜样对于全社会的影响范围是有限的，大学生对于榜样的认可程度也未达到预期。为了更好地发挥榜样的引领示范作用，就要将建设志愿服务品牌放到首要位置。第一，志愿服务榜样品牌化建设有利于志愿服务榜样朝着专业化、规范化的方向发展，以自己的力量逐渐带动地方力量；第二，有关部门也可以对同类型榜样进行大力培育，使同类型的榜样能够形成继承作用，持续榜样的引领作用，增强同类型榜样的社会影响力。

（3）坚持差异原则，突出榜样的带动性

在我国的思想政治教育中，先进性与广泛性相结合是一种最基本的经验，在我国的志愿服务过程中，也要坚持先进性与广泛性相结合原则。我国的志愿服务根据各地区之间的差异呈现出了发展不平衡的特征，在我国一线城市，志愿服务较为发达，在我国的偏远地区，志愿服务的发展就较为落后。在这样的背景下，我们不可能对发展程度不一样的地区提出相同的发展要求，因此，榜样也需要具备多种多样的类型，只有这样才能最大程度带动地方志愿服务的发展。因此，各地方在树立自己本地区的志愿服务榜样时，不仅要结合全国性榜样的特点，更要结合本地方志愿服务的发展实际，这样才能既不冒进、也不落后，使本地区的志愿服务健康、有序发展。

3.净化社会宣传，构建风清气正环境

在我国出现志愿服务之后，社会宣传就已经开始在大学生志愿服务中发挥作用了，对于大学生志愿发展来说，社会宣传具有非常重要的导向与推动作用。

（1）澄清志愿服务的认知误区

志愿服务在发展的过程中已经被越来越多的社会公众所认可，现阶段，我国已经基本形成了社会互助的良好风尚，志愿服务跨越了精神文化领域，进入经济建设领域，从只有少量的媒体为其宣传，再到被学术界当作一个重要的议题进行理论研究，志愿服务在多年的发展中已经形成了较为系统的形象。但我国群众在对志愿服务的本质与形式等问题上仍旧存在一些认识误区。例如，人们对于志愿服务的认知仍旧存在偏差，认为志愿活动就是"做好人好事"。但我们并不能将现代的志愿服务活动简单地等同于学雷锋活动，这是因为志愿者在进行志愿活动时，服务对象是具体的、确定的，而志愿者不可避免地会与服务对象进行面对面的互动交流，以便能够更好地了解服务对象的需求，为服务对象提供更加优质的志愿服务，而单纯的"做好事""捐款捐物"则可以不将这些要素完全齐备。在志愿服务工作中及时澄清人民群众的错误认知，有利于增进人们对志愿服务的认同。

（2）扫除志愿服务的认识盲区

为了使志愿服务的社会认同度不断提高，使志愿服务对社会公众保持较为持久的吸引力与感召力，有关部门必须对志愿服务的经济价值进行评估计算，并向社会公众公布，这样才能让人们较为直观地看出志愿服务的功能与价值。公布志愿服务的经济价值，有利于增强志愿服务人员的满足感，也能够加深志愿服务在社会群众心中的分量。现阶段，志愿服务在我国的精神文明建设方面有着非常大的建树，但对于经济建设来说却较少涉及，这是人们对志愿服务产生的经济价值经常忽视的重要因素，人们并不知道经济价值评估对人们志愿服务行为带来的实际影响，只有扫除了这些认知方面的"盲区"，才能加快志愿服务的发展。

（3）传递志愿服务的精神文化

要想推进大学生志愿服务行为可持续，就必须在宣传志愿服务时多向群众宣扬志愿精神文化。

（二）高校：精准定位，全程管控

目前，高校在管理大学生志愿服务时，对于大学生志愿服务的服务理念与活动流程较为重视，但是，缺乏对大学生志愿服务行为的有效管理、规范与引导。因此，为了能够加强对大学生志愿服务行为的有效管理，增强大学生志愿服务的实效性，高校就要精准定位大学生志愿服务行为，预测大学生志愿服务行为的过程，对大学生志愿服务行为进行合理的管控。

1.准确定位志愿服务，切实促进学生发展

高校要对大学生的志愿服务行为进行有效管理，必须合理确定大学生志愿服务在高校教育中的位置，不然就会出现无法管理大学生志愿服务组织的状况。我们知道，志愿服务在我国的发展时间不长，因此，我国高校对于大学生志愿服务行为还没有一个准确的认知，自然也就无法进行相对准确的定位。但高校必须要根据自身的实际发展，将大学生志愿服务纳入大学生教育，对于大学生志愿服务管理的体制机制进行不断摸索，为学生的能力发展与素质提升打造一个全新的平台，实现大学生的身心健康发展。

（1）正确把握志愿服务与大学生思想政治教育的关系

长时间以来，在志愿服务与大学生思想政治教育的关系上，志愿服务被认为是大学生思想政治教育的重要载体，是开展大学生思想政治教育的有效手段。也就是说，思想政治教育才是目的，而志愿服务只是实现思想政治教育目标、达到思想政治教育效果的手段。正因如此，一些高校将"是否参与了志愿服务"而不是"参与过程怎样"或"参与效果如何"作为考核评价大学生综合素质能力以及大学生"评奖""评优"的重要指标，尤其是在作为"政治任务"完成的志愿服务活动中，这种倾向会更为明显。可以想象，在这样的情形下，大学生们究竟会用一种什么样的眼光来看待志愿服务，又究竟会抱着怎样一种心态来参与志愿服务，而这样的眼光和心态又会是怎样影响着大学生的志愿服务行为。

仔细比较两者就会发现：志愿服务更多强调在服务他人和社会的过程中提升

自己，即外为—内化；而思想政治教育则较多侧重于在自身全面发展中增强服务社会的能力，即内化—外为。可见，高校要创新和完善志愿服务管理体制，必须扭转上述本末倒置的现象，积极转变思想观念，正确认识和处理志愿服务与大学生思想政治教育的关系，以真正实现志愿服务的价值，切实发挥志愿服务对大学生的思想政治教育功能。一方面，要认识到志愿服务作为一项社会建设事业，本身有着崇高的目标和价值追求，而不仅仅是思想政治教育的一种手段；否则，会曲解志愿服务的高尚本质。另一方面，要认识到志愿服务作为一项社会实践活动，它不仅仅具有思想政治教育的功能。社会实践是思想政治教育的重要形式，然而思想政治教育并非无所不包、无所不能，它有自己独特的教育内容、教育形式及教育方法。

（2）把志愿服务打造成提升学生就业能力的重要平台

志愿服务所蕴含的服务奉献、互助双赢理念以及科学高效、责任承担等要求，与职业规范相衔接，更与社会主义核心价值观的敬业要求有着高度的契合性，在提升大学生就业能力和水平上的作用不容低估。高校的使命是培养高素质人才，为国家发展提供源源不竭的人才力量。坚持服务大学生全面健康成长的管理理念，顺应大学生参与志愿服务的现实需求，引导并满足大学生志愿服务行为的心理动机，进而充分发挥志愿服务的育人功能，切实将志愿服务打造成大学生锻炼和提升素质能力的有效平台，理应成为高校志愿服务管理的根本目标和价值追求。一是合理规划，分类管理。按照专业或者学科性质等，将学校各级各类志愿服务组织、队伍、小组进行重新整合分类管理，避免重复性或"扎堆式"志愿服务，防止志愿服务资源的浪费。二是创新志愿服务形式。提升和打造志愿服务活动的技术、专业性质，使大学生在行为过程中切切实实感受到能力的锻炼，即有更多的能力获得感，而不仅仅是道德上的宏观领悟。三是积极同社区、企业及社会公益组织等加强沟通、合作，努力扩展大学生志愿服务的空间和平台；开展多样性、多层次、多领域的志愿服务活动，尽可能地争取和吸引不同专业、不同年级、不同学历层次的学生都能参与其中。四是定期开展志愿服务评价，监督和评估各志愿服务组织的工作，鼓励并督促志愿服务组织积极开展高质量、高水平的志愿服务活动，为大学生提供能力锻炼的机会。

2.优化管理方式，科学预测学生行为

对于大学生志愿服务行为管理来说，只有具备较为先进的管理理念，后续的一切才会有条不紊，因此，在确立了管理理念之后，就应该有科学的管理方法为大学生志愿服务行为的管理进行不断创新。现如今，高校是社会发展的重中之重，其拥有最先进的信息技术，对志愿服务行为管理方式的创新有着极大优势。为了推动志愿服务朝着更高水平前进，高校就应该加快志愿服务管理的现代化进程，并不断创新管理的方式手段。

（1）完善学校志愿服务网站建设，充分发挥其功能

现如今，依托互联网的发展，高校纷纷建立起属于自己的志愿服务网站，在这个网站中囊括了多种形式，如学校共青团网、青年志愿服务网与青年志愿服务指导中心等。虽然各个子网站的功能不同，有的负责宣传，有的负责招募，有的负责记录，但它们在内容设计上却并没有太大区别。因此，要想不断增强大学生志愿服务行为可持续，就必须从网站建设上入手，体现网站设计的独特性，增强网站宣传的号召力，提升内容质量，实现数据收集。一是开辟更多的功能专栏。为了能够增强大学生志愿服务的实效性，可以使用线上＋线下相结合的模式，在大学生参与完线下的志愿服务之后，高校可以为他们开创单独的志愿者论坛与贴吧，实现大学生志愿者的交流互动，复盘此次活动，收获相应的经验，以便在下次的志愿活动中提升自己的服务质量。在网上专栏中，大学生志愿者也能够更加深刻地理解志愿精神，了解志愿文化，不断提升自己的服务质量与水平，使自己能够满足社会需求，实现志愿服务形式与内容的创新。二是公开志愿服务基本数据。志愿服务基本数据包括大学生参与志愿服务的人数及占本校大学生总人数的比例，学校志愿服务的形式以及大学生参与的人数、比例等。大学生在参与了志愿服务之后，高校可以为大学生建立志愿服务档案，记录大学生每一次的志愿活动，这样不仅有利于激发大学生的服务热情，还能够让高校将这些数据进行比较，通过比较的结果来弥补管理层面中的不足。

（2）加强与社会志愿服务管理部门合作，共享数据资源

目前，高校志愿服务活动已经开始有了社会化发展趋势，社会上的一些志愿服务组织也希望高校能够为他们提供一些专业人才，因此，大学生志愿服务组织与社会志愿服务组织一拍即合，让大学生在社会志愿服务组织中进行志愿服务活动，虽然这部分学生看似脱离了学校的组织管理，但是在学校的数据库中，这些学生的志愿服务活动却已经被纳入学校志愿服务管理的"数据库"之中了，对高校创新志愿服务形式提供了非常好的借鉴作用，有利于高校不断完善自身志愿服

务行为管理体制。因此，为了能够更好地与社会志愿服务组织进行合作，高校可以将大学生在校外参与志愿服务的数据进行"入库"管理，加强对大学生志愿服务行为的预测、控制与引导，不断创新高校志愿服务管理的体制机制。

3.管控服务行为全程，力求管理效能最优

管理志愿服务行为过程、分析志愿服务预期目标与志愿服务行为的实际成效、建立评估标准体系、实施测评方法等都是志愿服务行为评估制度应该包含的内容。为了实现对大学生志愿服务行为的监督与激励，高校就要积极建立与完善大学生志愿服务行为评估制度，使对大学生志愿服务行为的评价向着制度化方向发展，这也对大学生继续参与志愿服务活动提供了强大的吸引力，作为高校提升志愿服务管理效能的途径之一，在高校管理体系中发挥着不可替代的作用。

（1）完善行为评估体系

从评估目的的角度来说，要想建立起长效的评估机制，就必须按照不同的志愿服务活动类型加以分类，确定评估目标，并对这些目标进行合理的分析与整合。从评估指标的角度来说，只有建立了较为科学的评估标准体系，才能够通过大学生志愿服务的评估指标看到表象下的实质，提升评估过程的科学性，增强评估结果的可信度。正是由于这些原因，相关部门在确立评估指标时，就要先对大学生志愿服务的行为进行准确定性与过程解构并量化评估指标，这样才能够在评估过程中做到不受或少受变量因素的影响，产生相对客观、公正的评估结果。

（2）及时开展效益反馈

大学生志愿服务不仅在精神文明的建设过程中发挥了重要作用，其为我国的经济发展也做出了巨大贡献。因此，对大学生志愿服务行为的评估，就不能仅仅停留在道德层面上，有关部门更应该看到大学生志愿服务行为产生的经济效益。在评估大学生志愿服务行为时，要在评估体系中增加"经济效益"的评估项，为大学生志愿服务行为进行成本—效益核算，并及时将核算结果传递给大学生志愿者，让他们对于自己进行的志愿服务所产生的经济效益做到心中有数，进一步提升其参与志愿服务工作的积极性。

（三）大学生：知情合一，务求实效

为了使大学生内在的志愿服务精神外化为行动自觉，就要在大学生志愿服务的过程中为他们树立知情、意行的统一意识，使他们对志愿服务行为产生情感认

同，以知生情，以情促知，知情合一。

1.提升理性认知，筑牢志愿服务精神

理性认知是对认识对象的基本内涵的深刻把握，它具有抽象性和确定性，是情感认同的基础和实践的深层动因。增强理性认知就是要深化对认识对象的内在结构和内在逻辑的科学把握。当前，由于种种原因，不少大学生对志愿服务的认识仍局限于志愿服务活动上，而忽视了志愿服务背后所蕴含的理念、精神和文化。只有真正把握了志愿服务的精神蕴含和文化逻辑，才能够达到对志愿服务的理性认知，大学生才能在深层次上产生情感共鸣。

（1）志愿精神倡导的是一种命运共同体意识

和平与发展仍是当今时代的主题。然而，国际政治风云变幻，局部战争与冲突不断，追求和平之路并不平坦。经济危机周期性爆发，且时间间隔越来越短，全球经济发展依然步履维艰。威胁全人类生命安全的传统因素依然存在，非传统安全威胁频发，全球变暖、环境污染、贫困疾病伴随人类如影随形。为有效应对这些艰巨挑战，维护全人类的共同利益，唯有国家与国家之间团结合作。身处21世纪的大学生，应从战略的角度、用国际的眼光看待志愿服务，培养和树立命运共同体意识，在实践中弘扬志愿服务的真正精神。

（2）志愿精神体现的是一种强烈的社会责任感

社会责任感是个人对自己所应履行的各种义务及应承担的社会责任的自我意识，是对社会责任的一种觉悟，它是一种自律意识，是个人对自身行为的约束，同时也是对自身发展所提出的要求。大学生作为国家发展建设的重要人才，无论是在经济发展还是在社会进步方面，都需要以高度的社会责任感和使命感积极关注现实生活，并投入到社会主义现代化建设中去，尽己所能，做出自己的贡献。志愿服务是社会矛盾冲突的润滑剂，是国家和谐进步的助推器，更是大学生们施展才能、服务社会的广阔天地。大学生应不断深化对志愿精神的认识和理解，从自愿层面上升到自律层面，并转化为外在的行为自觉。

2.增进情感认同，构建志愿服务新愿景

增进志愿服务的情感认同，就是要在现实生活中深刻领悟志愿服务作为一项高尚的社会事业，具有强大的感召力和持久的生命力。这种感召力和生命力既体现在志愿服务广泛的社会需求和崇高的价值追求中，也体现在千千万万个志愿者

志同道合的共同努力中。

（1）树立问题意识，在现实关注中激发情感认同

一是在广泛的社会需求中感受志愿服务的强大生命力。社会现实需要是实践创新的最直接、最根本的动力。正是由于有着广泛的社会需求，志愿服务才得以在发展之初就被人们广为接受，才能够有今天的繁荣蓬勃发展。也就是说，志愿服务在我国之所以能够迅速发展，根本在于它始终关注现实的社会需求，并积极适应时代发展和社会变革，与时俱进，不断创新，始终直接为最需要的人们提供服务，这是志愿服务强大生命力的源泉。大学生在感受到志愿服务的广泛社会需求和强大生命力的同时，会在情感上更加认同志愿服务，增强参与志愿服务的动力和信心。

二是在崇高的目标追求中感受志愿服务的精神感召力。如前所述，在现实实践中，志愿服务不仅仅是自愿、无偿地提供服务那么简单，它还有更高的价值追求。它崇尚人与人之间的平等互助，而不是单向施舍；它追求人与人之间的共存共荣，实现互利共赢，"让社会变得更加美好"；它致力于重塑人际关系，增进人与人之间的相互信任；它不是一项项或一次次活动的累加，而是一种文化的传承和精神的传递。大学生只有深刻领悟志愿服务深刻的文化蕴含和崇高的价值追求，才能在理念上更加认同、情感上更加贴近。

（2）加强沟通交流，在志同道合中增进情感认同

志愿服务为人们打开了一个新的生活空间，在这个空间里，人们热情、真诚和友爱，不分性别、年龄、信仰；在这个空间里，人们相互尊重、相互信任、相互扶持；在这个空间里，人们自由、单纯而真实，做自己想做、乐意做的事情。志愿者不是一个孤独的个体，而是一个志同道合的大群体。志愿服务也不是少数人的事业，而是千千万万个志愿者默默奉献、共同奋斗的事业。

志愿服务绝非一日之功，也不可能一蹴而就，志愿者在志愿服务的过程中难免遭受挫折，它需要志愿者们顽强的毅力、不懈的坚持和持之以恒的努力。那么，志愿者之间的相互交流、相互鼓励、相互支持就显得异常重要，尤其是大学生志愿者。大学生正值青春成长期和性格形成期，心理等方面尚未成熟稳定，容易产生波动。当受到打击时，很容易形成消极悲观情绪，甚至会动摇心中的信念。

因此，需要建立有效平台为大学生志愿者们提供一个交流沟通的空间，使他们能够共同分享志愿服务的经历，一起探讨志愿服务的心路历程。大学生自身也

应通过各种渠道和途径，一方面，通过志愿者论坛、志愿者 QQ 群等网络平台加强同其他志愿者之间的交流；另一方面，通过志愿服务组织加强联系、积极合作，共同服务、增进友谊，同其他志愿者一道探讨和畅想志愿服务的未来发展，共同构筑志愿服务的新愿景，在志同道合中增强对志愿服务的情感认同。

3.行为落到实处，拓展志愿服务新领域

新的时代背景下，大学生应结合自身实际，适应社会发展需要，积极投身到我国全面深化改革的过程中去，投身到全面建成小康社会和社会主义现代化建设的实践中去，不断创新志愿服务新领域，开拓志愿服务新方向，充分实现大学生志愿服务的价值。

（1）拓宽服务领域

不同于慈善捐赠将服务对象主要集中于弱势人群，志愿服务的对象应更为广泛，面对社会全体成员；志愿服务也不是对市场失灵和政府失灵的"查缺补漏"，服务的领域不应仅仅局限于市场乏力、而单凭政府力量又难以做好的领域。志愿服务并非万能，也有很多做不了也做不好的事情。一味深陷其中，只会限制志愿服务的发展。当前正值社会急剧转型的时期，社会结构正处于深刻的变动之中，大学生志愿者有着很多其他志愿者所没有的独特优势，如关注社会生活，思维活跃，善于抓住需求点；视野开阔、熟悉网络，容易找到创新点等，社会对大学生志愿者的需求非常大。很多志愿服务组织也渴望大学生志愿者的加盟，以提升自身组织服务的能力和水平。

因此，大学生应深刻思考哪些志愿服务是自己能做的，哪些是自己做不了的；哪些领域是自身所擅长的，哪些领域是自己做不好的；哪些领域亟待志愿服务，哪些领域可以适当退出。只有有所为有所不为，才能真正有所为。

（2）创新服务方向

一是充分运用现代科技，促进志愿服务向深度和广度拓展。互联网技术、信息技术的发展以及大数据时代的到来，正极速地改变着人们的思维模式、工作形式和生活方式，也改变着志愿服务的社会需求。社会对大学生志愿服务的要求越来越高，也越来越精细化，迫切需要大学生适应网络化、信息化和数据化带来的社会大变革，更新志愿服务内容、转变志愿服务形式、创新志愿服务方法，以满足不同人群专业化、多层次、多元化的服务需求。大学生应充分抓住这一机遇，发挥自身与现代科技"亲密接触"的优势，为志愿服务对象提供文化和知识服务

的同时，提供技术上的帮助，为他们带来更多的实惠；改变或升级传统的相对简单、技术含量较低的志愿服务内容形式，促进志愿服务现代化转型；努力实现志愿服务与互联网信息技术的深度融合，深化拓展志愿服务的深度和广度，不断提升志愿服务的质量水平和社会满意度。

二是提高自身素质能力，促进志愿服务向专业性、职业化拓展。近几年来，高校加强了学校志愿服务组织的建设和支持力度，大力推进志愿服务组织管理改革，并进行评估评比，不断增强学校志愿服务组织的专业性、影响力和竞争力。志愿服务组织的专业化、精细化对大学生的素质和能力提出了更高的要求。因此，大学生应根据自己的专业、特长，合理地选择适合自己的志愿服务活动和项目；积极参加志愿服务培训，不断提高志愿服务能力，以自己的实际行动促进志愿服务的专业化、职业化发展。

参考文献

[1] 李丽萍. 关于提升大学生志愿服务着力点的思考 [J]. 知识窗（教师版），2022（08）：39-41.

[2] 樊有镇，杨梦婷. 公益创业：大学生志愿服务持续性发展的有效路径 [J]. 湖北开放大学学报，2022，42（04）：53-57，64.

[3] 张译文. 公共图书馆志愿者服务组织形式与优化策略研究 [J]. 河南图书馆学刊，2022，42（08）：42-44.

[4] 王鹏，于林民，马昭文. 新时代高校志愿服务实践育人功能发挥的路径探析 [J]. 北京教育（高教），2022（08）：38-40.

[5] 陈玮. 大学生社区志愿服务实现路径研究 [J]. 大众文艺，2022（14）：217-219.

[6] 王佳，刘芳娥. 大学生志愿养老服务的研究 [J]. 医学信息，2022，35（14）：157-159.

[7] 李乐霞，张蓓，姜兰. 高职大学生社区志愿服务现状调查及提升策略 [J]. 湖北开放职业学院学报，2022，35（12）：122-124.

[8] 张铮，温玉杰，翟进义. 新时代大学生志愿服务实践育人作用及实施策略 [J]. 公关世界，2022（12）：142-143.

[9] 杨秀让. 高校大学生志愿服务参与社区治理的对策 [J]. 湖北开放职业学院学报，2022，35（11）：60-61.

[10] 张丽娟，安敏. 大学生志愿服务实践育人的三维向度 [J]. 赣南师范大学学报：2022（09）：1-5.

[11] 王琦. 大学生志愿服务精神培育研究 [D]. 长春：长春工业大学，2022.

[12] 盘梅红．国外大型体育赛事社会影响研究综述及启示 [D]．广州：广州体育学院，2022．

[13] 丁希．新时代城市社区志愿服务提升路径研究 [D]．石家庄：河北经贸大学，2022．

[14] 张静．大学生群体志愿服务动机及引导研究 [D]．哈尔滨：哈尔滨师范大学，2022．

[15] 刘颖，孙冉，沈伯雄．大学生志愿服务助力乡村振兴路径与机制构建探究 [J]．湖北开放职业学院学报，2022，35（07）：114-115．

[16] 康华江．大学生社团助老志愿服务研究 [J]．现代职业教育，2022（01）：178-180．

[17] 牛艺．"互联网+"大学生志愿服务新模式探究 [J]．产业与科技论坛，2022，21（05）：238-239．

[18] 柯新华，罗琼．大学生志愿者参与关爱留守儿童的长效机制探索 [J]．太原城市职业技术学院学报，2022（02）：121-123．

[19] 戴芸芸，冯旺舟．大学生志愿服务向公益创业转型的实践育人 [J]．广东青年研究，2022，36（01）：109-119．

[20] 申峻松，赵晓恒，仲崇宇，钱学智，朱永．新时代大学生志愿服务助力乡村振兴可持续发展研究 [J]．科教文汇（下旬刊），2021（12）：54-56．

[21] 石聪玲，徐嘉辉．大学生志愿服务精神的价值意蕴 [J]．边疆经济与文化，2021（07）：97-99．

[22] 段宗兴．大学生志愿服务精神培育研究 [D]．武汉：武汉轻工大学，2020．

[23] 王晶莹．价值观视角下大学生志愿服务 [J]．才智，2020（08）：242．

[24] 汪江平．医学高等院校青年志愿者服务发展现状及制度建设 [J]．科技信息，2009（03）：143-144．

[25] 李茂平．志愿服务与道德建设 [M]．北京：中国社会出版社，2020．

[26] 邓宏林．大学生志愿服务品牌创建研究 [M]．长春：吉林人民出版社，2019．

[27] 戴彩虹．新时期大学生志愿服务研究 [M]．北京：地质出版社，2019．

[28] 陆士桢．中国特色志愿服务概论 [M]．北京：新华出版社，2017．

[29] 刘鹏程，张颖 . 大学生志愿服务文化传承研究 [M]. 北京：中国发展出版社，
    2018.

[30] 周娜，崔征 .“互联网 +”视域下中国大学生志愿服务状况探究 [M]. 石家庄：
    河北人民出版社，2019.